スポーツと運動
～健康づくりの理論と実際～

第2版

愛知大学 名古屋体育研究室 編

学術図書出版社

ま え が き

　名古屋駅近辺の笹島地区にて名古屋キャンパスを開講して5年が経過した．この間1学年の約1,800名の学生が2単位必修として，大学生として誰もが共通に社会へ出る前に「自分の健康は自分で守る」ことを頭で理解して体で実践することができる心身共に健康な社会人となるための学ぶべき体育授業を実施してきた．このために1年次では「スポーツ・健康演習」を開講し，講義と実技の融合を図り，健康や体力に関する調査や測定並びに食事バランス診断や日常の運動量測定とそれらの評価とレポートの組み入れ，さらに，実技種目におけるトレーニング方法の学習も取り入れて実施してきた．

　この授業テーマは「正しい運動実践と生活習慣による生活習慣病の予防のための基礎的な知識の理解と技能の習得」である．ねらいは，受講生自身が体力レベルと健康状態，食生活と日常運動量等を測定診断・評価することにより，学生に自分自身の生活習慣を認識させ，講義にて生活習慣病を予防するための基礎的な知識を教え，自分自身にて生活習慣を見直して改善するための積極的な健康行動を動機付けする．その後に展開する実技を通して生活習慣病予防のための運動実践習慣を身に付けさせることである．

　一方，2年次には，春学期に「スポーツ実技I」を秋学期には「スポーツ実技II」を選択開講し，「スポーツ・健康演習」では学べなかったスポーツを学べるようにすること．また，より技術レベルの高いスポーツを学ぶこと．さらに，より深くスポーツを学び，より楽しく実践し，新たなスポーツを自分達の手によって作り上げる体験をすること．これらの実技授業によって，スポーツを一生涯継続的に実践していく基礎的な力を身に付けさせることをねらいとして実施してきた．

　今回の本書の一部改正は，講義内容における新資料への変更や新たに導入した新規スポーツ種目の内容追加並びに新規導入したトレーニングマシンの利用方法である．これまで通り名古屋キャンパスで開講する体育種目に完全に合致させた内容としてあり，学生諸君が事前学習，各種測定診断・評価によるレポート作成，実技内容の学習，授業展開例からの実技スポーツ種目の選択への活用，フィットネスルームのトレーニングマシン利用の手引きとして多いにフル活用できるテキストとなっている．

　学生諸君には，学生時代に本テキストを十分に活用して運動実践習慣を身に付けて「自分の健康は自分で守る」ことができる心身共に健康な立派な社会人となって名古屋キャンパスから巣立っていくことを期待している．

　最後に本テキストを出版するにあたり，学術図書出版社の杉浦幹男氏に多大なるご支援とご協力を得たことに心から深謝申し上げます．

愛知大学　名古屋体育研究室

室長　松岡弘記

も く じ

・愛知大学体育分野科目登録カード

・健康調査質問用紙

・体力測定カード

・身体組成測定用紙

・有酸素運動実施記録カード

・レジスタンストレーニング記録表（フリーウエイトトレーニング）

・レジスタンストレーニング記録表（マシントレーニング）

・スポーツ・健康演習「歩数・エネルギー消費量」提出用紙

・スポーツ・健康演習「食事バランス診断」提出用紙

・レポート提出用紙

第1章

スポーツ・健康演習　〜講義・演習編〜

1.　健康と体力の定義および健康の実態

1)　健康の定義

健康の定義については，昔から各国でさまざまな人が種々の定義をしているが，大きく分けると三つの代表的な考え方となる.

(1)　健康の定義
①第1の考え方

健康の第1番目の定義は，「健康とは病気のない状態である」．この定義は病気があっては健康ではなく，健康と病気を相反するものとして捉える考え方である.

健康であれば，病に倒れることなく，快眠，快食，快便，快活な生活を過ごすのが一般的である．この定義のように明確に健康と病気を区別することは，健康の姿を十分に説明しているように感じられよう.

しかし，健康と病気をそう単純に明確に区別できるものではないし，病気をもっていても床に伏せずに健康的な生活をしている人もおり，この定義には矛盾が存在している.

②第2の考え方

「健康とは単に病気や異常がないばかりではなく，身体的にも精神的にも，また，社会的にもよい状態にあることである」という WHO（WHO：World Health Organization 世界保健機関）[1] の定義である.

この定義の特徴は，前述の第1の考え方をさらに拡大したものとなっている点であり，健康をより広く深く捉えた定義だといえる.

ここでの健康は，病気や異常がないだけではなく，身体的にも精神的にも，また，社会的にもよい状態に安定していることが健康であるとしている.

しかし，現代社会で身体的に異常がなく，精神的にも常に安定しており，社会的にも不安なく安定している状況におかれた人は一体何人いるのだろうか？そのような人だけを「健康だ」というこの考え方は，全く現実の姿を反映していない.

この WHO の健康の考え方は，あくまでも健康の理想的な姿を求めており，あまりにも現実にほど遠い姿といえる.

③第3の考え方

第3の考え方は，「健康とは環境に適応し，かつその人の能力が十分に発揮できるような状態である．」という池上[2] が述べている定義である．ここでいう適応とは，身体の内部にあたる内部環境が，身体の外部にあたる外部環境と動的平衡状態を保ち恒常性（ホメオスタティック）を維持することをいう．また，能力とは発育，生存，種族維持，社会活動，文化活動などにかかわるすべての能力のことをいう.

この考え方では，環境に適応している条件と能力を十分に発揮している条件が満ちていれば健康であるという．この定義では病気とか異常という言葉が使われず，動的な状態で健康を捉えているのが特徴的であり，仮に病気や異常があっても，その人の能力が十分に発揮されるならば健康といえる.

2)　日本人の健康の実態と将来の健康問題
(1)　健康の実態

健康の実態を数量的に捉えるには何らかの指標が必要となり，平均寿命，受療率，死亡率などによって健康状態の評価がなされている.

①平均寿命

各年齢の国民が平均してあと何年生きられるかを計算したものが平均余命で，零歳の平均余命を平均寿命という．平成28年（2016年）の日本人の平均寿命は，男80.98歳（世界第2位），女87.14歳（世界第2位）である．昭和22年（1947年）では男50.06歳，女53.96歳であり，約60年間ではほぼ30歳寿命が延長したことになる.

②受療率

病院や診療所などの医療施設で，ある1日に診察を受けた患者数を人口10万人当たりの割合で示したのが受療率である．平成26年（2014年）

の患者調査によると，全国の受療率（人口10万対）は，入院1038，外来5696である．これは調査日に人口の約1.0%が入院し，約5.7%が外来を受診していることを示している．

一方，主要な傷病についての総患者数は，高血圧性疾患約1011万人，歯及び歯の支持組織の疾患約518万人，糖尿病約317万人，脳血管疾患約118万人，白内障約85万人，心疾患約173万人，悪性新生物約163万人等となっている．

③死亡率

人口10万人当たりの割合で示した死亡者のことを死亡率という（図1）．死亡率の第1位はがん，第2位が心臓病，第3位が肺炎である．また，全体の約52%が生活習慣病で死亡しており，悪性新生物が28.5%，心疾患が15.1%，脳血管疾患が8.4%である[15]．

(2)　日本の将来の健康問題

日本では，第2次世界大戦後，医学が進歩し，栄養改善と公衆衛生の発展によって疾病構造が変化し，死亡率が急激に低下した．このため，平均寿命が伸びて男女ともに世界第2位となっている（平成28年（2016年））．一方，出生率は年々減少の一途を辿っており，老年人口が急増している．

①超高齢社会と出生率

平成29年（2017年）の厚生労働白書[3]によると，2015年の老年人口は3347万人であり，高齢化率は26.3%であり，平成28年（2016年）の合計特殊出生率は1.44人である．出生率がこのまま推移するならば，2025年には総人口の30.0%が65歳以上となり，2065年には高齢化率が38.4%となることが予測されている．

②人口推移と労働力人口

我が国の総人口は，2006年に1億2774万人とピークに達した後は，緩やかに減少し，2025年には1億2254万人，2065年には8808万人になることが推計されている[3]．

一方，労働力人口は2005年の6870万人をピークに減少し，2025年には6260万人に減少することが推計されている．また，その年齢構成も，「15〜29歳」が17.3%，「30〜59歳」が61.5%，「60歳以上」が21.2%となり，若年層が減少し，

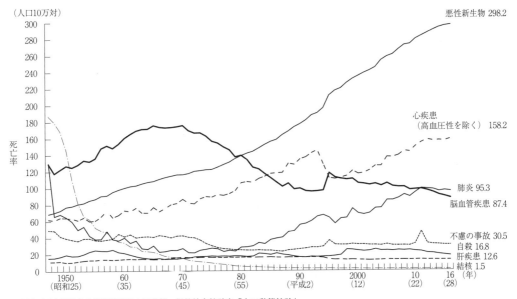

資料：厚生労働省政策統括官付人口動態・保健社会統計室「人口動態統計」
(注)　1.　死因分類等の改正により，死因の内容に完全な一致をみることはできない．
　　　2.　2016（平成28）年は概数である．

図1　主な死因別にみた死亡率の推移（人口10万対）[3]

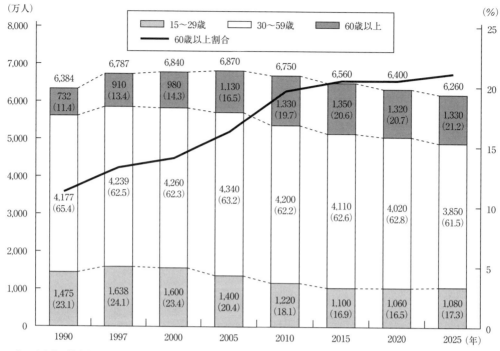

注: ( )内は構成割合
資料:1990(平成2)年，1997(平成9)年は総務庁「労働力調査」
　　2000(平成12)年以降は労働省職業安定局推計(1997(平成9)年6月)
　　「『65歳現役社会』の政策ビジョン─構築のためのシナリオと課題─」(労働省発表)

図2　労働力人口の年次推移[4]

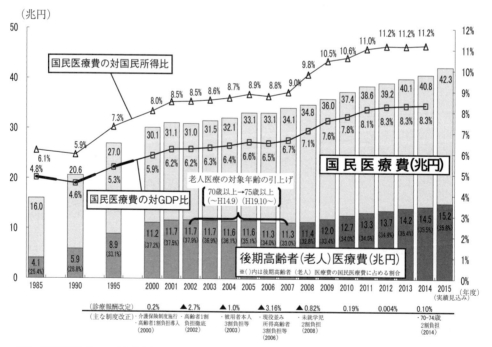

(注)　国民所得及びGDPは内閣府発表の国民経済計算による.

図3　医療費の動向[3]

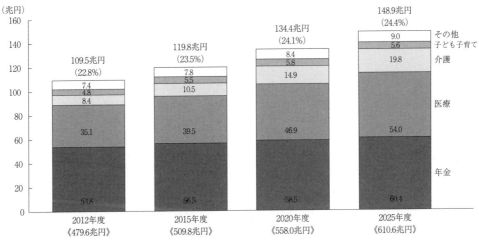

(注)　1.「社会保障改革の具体策，工程及び費用試算」を踏まえ，充実と重点化・効率化の効果を反映している.
　　　　　（ただし，「Ⅱ　医療介護等　②保険者機能の強化を通じた医療・介護保険制度のセーフティネット機能の強化・
　　　　　給付の重点化，逆進性対策」および「Ⅲ　年金」の効果は，反映していない．）
　　　　2. 上図の子ども・子育ては，新システム制度の実施等を前提に，保育所，幼稚園，延長保育，地域子育て支援拠点，一時
　　　　　預かり，子どものための現金給付，育児休業給付，出産手当金，社会的養護，妊婦健診等を含めた計数である.
　　　　3.（　）内は対 GDP 比である.《　》内は GDP 額である.

図4　社会保障に係る費用の将来推計について[3]

60 歳以上の労働力が増加することが示されている（図2）.

③国民医療費の高騰と社会保障

　国民医療費は年々上昇の傾向にあり，2015 年には 42.3 兆円となった[3]．このうち 75 歳以上の後期高齢者（老人）医療費は，高齢化の進展により，1985 年の国民医療費に占める割合 25.4% から 2015 年では 35.8% となった（図3）．また，人口一人当たり国民医療費をみると，65 歳未満は 18 万 4900 円，65 歳以上は 74 万 1900 円と約 4 倍にもなっている.

　今後，高齢化が進むにあたって介護，医療，年金にかかる費用は 2012 年度の 97.3 兆円から 2025 年度の 134.2 兆円へ増加する見通しで（図4），これは将来の日本が抱えている健康に関する大きな社会問題である.

3)　体力とは何か？

　一般的な常識的な見解では，「体力がある」とは，横綱白鵬関のように大きな筋力があることや高橋尚子選手のように長距離を速いペースで走り続けるスタミナがあることによく使われている.

　体力とは「何か」についても，健康の定義と同じように各国でさまざまな人が種々の定義をしている．日本のいくつかを紹介し，体力とは何かを明らかにする.

(1)　体力の定義

①東の定義

　日本の医学者である東は，「体力とは，知・情・意というような力の統合されたものが体格という肉体的媒体を通して，自己の生活環境に有効に働きかける力.」[5] と定義している.

　この定義で体力は，「心」（＝精神的）により統合されたものが「身体」を通して，「社会学的」に有効に働きかける力という.

②福田の定義

　日本の生理学者である福田は「体力とは，人間の生存と活動の基礎をなす身体的および精神的能力.」[6] と定義している.

　福田は，体力を「からだ」と「心」の両面の能力として捉えている.

③猪飼の定義

　日本の運動生理学者の第一人者である猪飼は，「体力とは，積極的に仕事をしていくからだの行動力と外界のストレスに耐えて生を維持していく

表1 体力の分類[2]

体力
　行動体力
　　1. 行動を起こす能力　関与するおもな機能
　　　(1) 筋力………………………筋機能
　　　(2) 筋パワー………………筋機能
　　2. 行動を持続する能力
　　　(1) 筋持久力………………筋機能
　　　(2) 全身持久力……呼吸循環機能
　　3. 行動を調節する能力
　　　(1) 平衡性………………神経機能
　　　(2) 敏捷性………………神経機能
　　　(3) 巧緻性………………神経機能
　　　(4) 柔軟性………………関節機能
　防衛体力
　　1. 物理化学的ストレスに対する抵抗力
　　　寒冷，暑熱，低酸素，高酸素，低圧，高圧，振動，化学物質など
　　2. 生物的ストレスに対する抵抗力
　　　細菌，ウイルス，その他の微生物，異種蛋白など
　　3. 生理的ストレスに対する抵抗力
　　　運動，空腹，口渇，不眠，疲労，時差など
　　4. 精神的ストレスに対する抵抗力
　　　不快，苦痛，恐怖，不満など

からだの防衛力とをいう.」[7] と定義した.

　この定義では，体力は「行動力」と「防衛力」からなり，精神的な要素も体力に加わえるべきであるという.

④池上の定義

　日本の運動生理学者である池上は，「体力とは人間の活動や生存の基礎となる身体的能力である.」[2] と定義した.

　池上は，パフォーマンスを発揮する条件には精神的な要素が入ってくるが，それはもともと体力とは別ものであるという立場をとり，精神的な要素は体力に含めるべきではないという立場をとっている.

(2)　体力の分類とその要素
①体力の分類

　池上[2] によると表1のように分類されるが，狭義の体力としては「行動体力」であり，体力テストで評価がなされる体力要素から成っている．一方，広義の体力としては，行動体力のみではなくて，さまざまなストレスに対する防衛体力を加

えたものとなる.

②体力と健康との関係

　健康は，ヒトが生命活動をする基盤であり，生

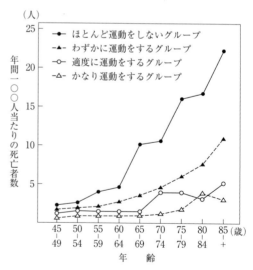

図5　年齢別にみた，日常生活に運動習慣を取り入れている度合と1年間の死亡率．総対象者の中から45歳以上の約40万人の男性について図示した (Hammond, 1964)[8]

活の資源である．体力とは健康という基盤の上に本来積み上げているものと考えがちであるが，健康に関連する体力の要素もある．

　これらの体力が低下すると病気や異常が発生することが疫学的研究から明らかとなってる（図5，図6，図7，図8，図9，図10，図11）．また，その程度が大きくなるとヒトの能力が十分に発揮できない状況も生まれることから健康と体力とは密接に関連しているのである．

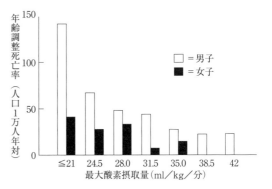

図7　体力水準と死亡率の関係（Blair ら，1989）[9]

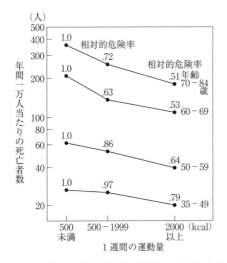

図6　ハーバード大学卒業生16,932人を対象とした10年以上にわたる追跡調査による，日常生活での運動量と死亡率の関係（Paffenbarger, 1986）[8]

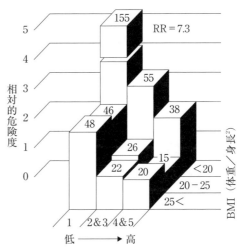

図8　有酸素的体力と肥満度（BMI）と体脂肪率の関係〔男性〕（Blair, 1989）[9]

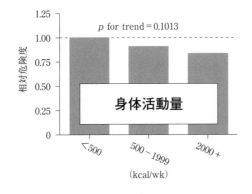

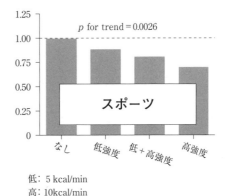

低: 5 kcal/min
高: 10kcal/min

図9　運動習慣と高血圧の関連性（Paffenbarger Jr, et al. 1991）のデータより作図[10]

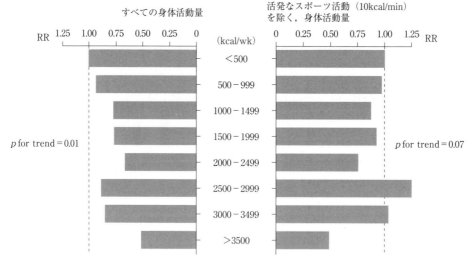

図 10　身体活動量と糖尿病の関連性（Helmrich et al. 1994）のデータより作図[10]

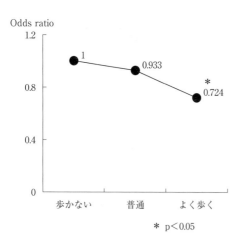

図 11　脂質代謝異常と歩数のオッズ比[11]

(3)　健康日本 21 運動の展開

　1978 年から第 1 次国民健康づくり対策，1988 年から第 2 次国民健康づくり対策（アクティブ 80 ヘルスプラン）が実施され，疾病の 2 次予防から 1 次予防へと運動・栄養・休養のバランスの取れた生活習慣の確立による健康増進対策が実施されてきた．しかし，過剰な栄養摂取と運動不足とストレス増大による生活習慣病罹患患者の増大，高齢化による介護者（寝たきりや認知症等）の増大による医療，介護にかかわる社会的負担の増大が著しく，「21 世紀のわが国をすべての国民が健やかで心豊かに生活できる活力ある社会」とするための新たな健康増進対策として実施が始まった．

①健康日本 21 運動とは？

　従来にも増して，健康を増進させ，疾病の第 1 次予防に重点をおいた対策を強力に推進させることにより，壮年期死亡の減少と介護を必要としないで生活できる健康寿命の延伸を図ることを課題とした施策である．旧厚生省は 2000 年に生活習慣や生活習慣病について取り組むべき具体的目標の設定を行い，2010 年を目途として実施されてきた．

②運動による健康寿命の延伸

　適度な運動を実施することにより，ある程度の体力を有することとなり，その結果，生活習慣病の 1 次予防をすることになる．

　また，適度な運動自体に生活習慣病を軽減する効果（脂質代謝改善，糖代謝改善，インスリン作用改善，血圧降下作用，血中脂質成分の減少，体脂肪減少等）[12]があり，疾病の併発を抑制することができる．

　さらに，高齢者にとっては，自分で好きな時に好きなところへ自由に行くことをできることが QOL（Quality of lif：生活の質）を最低限低下させない条件[13]となるが，そのような「生活体力」を十分に維持することができる．

　このように過剰な栄養摂取の食習慣の改善とス

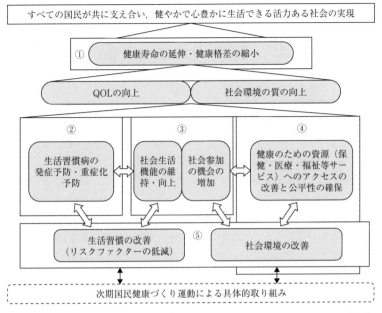

図 12　健康日本 21（第 2 次）の概念図（厚生労働省　厚生科学審議会地域保健健康
増進栄養部会・次期国民健康づくり運動プラン策定専門委員会）14)

トレス解消だけでは，ヒト本来が動くことを前提
とした生物であり，それを見失っている現代社会
の状態では，生活習慣病を 1 次予防し健康寿命を
延伸することは不可能である．

　したがって，まず，現代社会の運動不足の状態
を適度な運動の実践により改善し，過剰な栄養摂
取を控え，ストレスを解消する生活を継続するこ
とにより，生活習慣病の 1 次予防が実現し，健康
寿命の延伸へとつなげるべきである．

　厚生労働省では，2013 年からの 10 年間に健康
寿命の延伸と健康格差の縮小を全体目標とした第
2 次健康日本 21[14)]を展開する（図 12）。

＜引用・参考文献＞

1)　WHO（World Health Organization）　http://www.who.int/en/，2005
2)　池上晴夫「［新版］運動処方」，朝倉書店，1990
3)　厚生労働省編「平成 29 年版厚生労働白書」，2017
4)　国立社会保障・人口問題研究所　http://www.ipss.go.jp/，2005
5)　東竜太郎「スポーツと共に」，杏林書院，1953
6)　福田邦三，長島長節「体育学通論」，大明堂，1949
7)　猪飼道夫「運動生理学入門改訂 5 版」，杏林書院，1969
8)　宮下充正「運動するから健康である」，東京大学出版会，1995
9)　Blair, S. N. et al: "Physical fitness and all-cause mortality; A prospective study of healthy men and women." JAMA, 262（17），2395-2401, 1989
10)　田中喜代次他：運動を柱とした高齢者の健康支援，運動疫学研究 7：1 -10, 2005
11)　長沼由紀子他：味の素株式会社従業員における歩行数調査からみた生活習慣病危険因子との関連性，運動疫学研究 5：45-49, 2003
12)　坂本静男編「ケーススタディ運動療法」，杏林書院，2000
13)　宮下充正「年齢に応じた運動のすすめ」，杏林書院，2004
14)　河野美穂：健康 21（第 2 次）のめざすもの—健康格差の縮小と社会環境の整備—，保健の科学 54（10）：652-657, 2012
15)　厚生労働省「平成 28 年（2016）人口動態統計（確定数）の概況」，2017

2. 体力の測定と評価

1) 体力の測定と評価の意義

　文部科学省の 2011（平成 23）年度の体力・運動能力調査結果によると，小中高校生の体力に関して，走る・投げるなどの基礎的な運動能力は緩やかに向上しているものの，日頃から運動していない子どもの体力は 1985 年のピーク時と比べて著しく低下している実態が明らかになっている．今後，これらの子どもたちが成人する．したがって，適切な体力管理に不可欠な体力の測定と評価に関する基礎理論の理解が必要である．

　体力を構成する活動の基礎となる部分を「行動体力」，生存の基礎となる部分を「防衛体力」と区別すると，さまざまなストレスに対する抵抗力を含む防衛体力は医学検査などにより専門家が測定と評価を行う場合が多いが，行動体力は一般に普及している体力テストを利用して各自で比較的簡単に測定することができる．そして，評価基準値の利用や体力年齢の算出により体力測定結果の意味を理解し評価を行うことができる．

　体力を測定し評価することにより現時点での総合的な体力水準を把握することができる．さらに，体力の構成要素別に細かく評価することにより，同年齢・同性と比べて低い体力構成要素を知ることができ，その要素について改善する際に体力測定データが役に立つ．また，過去のデータと比較することにより体力の経年的変化を知ることができるだけではなく，将来の変化を予測することが可能になる．成人以降における体力の老化（加齢変化）の程度に着目して体力管理を実施することは有益である．最近では，体力と健康との間の関係の程度が数値で示され[4]，体力の維持向上は良好な健康状態の維持増進に貢献することが再確認されている．一方，将来の体力や健康の維持増進を目的としたフィットネスや運動実践の効果の検証にも体力の測定と評価が必要である．

2) 体力の測定方法

　体力（行動体力）は，一般に形態の部分と機能の部分に分けて測定される．形態に関しては，体格・身体組成などの測定が必要である．機能に関しては，筋力，筋持久力，柔軟性，敏捷性，瞬発力，全身持久力など構成要素別に測定する必要がある．以下に代表的な形態項目および機能項目についての測定方法の詳細を示す．

(1) 形態〔体格・身体組成など〕

　現在では，体格は BMI（body mass index）の算出，身体組成は生体電気インピーダンス法などによる測定装置を利用した体脂肪率などの推定により評価するのが一般的である．

①BMI＜体格＞

　BMI は身長と体重の計測値から算出される体格，肥満度，栄養状態などを表す指数である．BMI は体重（kg）÷身長（m)^2 により算出される．評価基準に関しては，20〜25 が成人男女の標準範囲，25 を超えると肥満，40 以上の場合は病的肥満と判定する基準が示されている．

②体脂肪率など＜身体組成＞

　以前は，水中での測定や皮下脂肪厚の計測などにより身体組成の測定と評価がなされていたが，このような測定では特別な測定器具や測定方法に熟練した検者が必要であった．しかし，近年では生体電気インピーダンス法が利用できるようになり，簡単に体脂肪率，体脂肪量，除脂肪量（除脂肪体重）を測定することが可能になった．

　体内脂肪計（TANITA TBF-410）を利用した体脂肪率の測定方法は次のとおりである．1）電源を入れる．2）着衣量を入力する（1 kg の場合 [1.0] と入力）．3）体型〔スタンダード／アスリート〕・性別を入力する．1 週間に 12 時間以上トレーニングをしている場合には［アスリート］を選ぶ．4）年齢を入力する．5）身長を入力する（172 cm の場合 [172.0] と入力）．6）測定する（測定装置の上に両足を平行にして裸足で立つ）．7）測定完了（体脂肪率などが表示される）．

　体脂肪率は肥満か否かを評価する際に利用さ

れ，男性25～30％未満，女性30～35％未満で軽度肥満，さらに男性30～35％未満，女性35～40％未満で肥満であるという判定基準が示されている．除脂肪量（除脂肪体重）は体脂肪のみの減少を目的とした減量や筋力向上を目的としたレジスタンストレーニングの効果の検証に利用できる．

(2)　機能〔文部科学省「新体力テスト」など〕

　新体力テストは，1999年に文部省（現在の文部科学省）が従来のテストを見直して作成した組テストである．文部省は昭和39年から体力・運動能力調査を実施してきたが，国民の体位の変化，スポーツ医・科学の進歩，高齢化の進展などに伴い体力テストを改訂した．新しく改訂された新体力テストは，6～11歳，12～19歳，20～64歳，65～79歳の年齢別に作成されている．

　以下に，20～64歳対象（7項目：握力，反復横とび，長座体前屈，急歩，20mシャトルラン（往復持久走），上体起こし，立ち幅とび．但し，20mシャトルラン（往復持久走）と急歩はどちらか一方を実施する．）のテストに含まれる各体力テスト（但し，急歩の測定方法は省略）の具体的な測定方法と注意事項を示す．なお，全身持久力については，ステーショナリバイクによる最大酸素摂取量の測定方法についても示した．

①握力＜筋力＞

　握力は握力計を用いて測定を行う．握力計の握り幅は人差指の第二関節がほぼ直角になるように調節する．直立姿勢で握力計を身体に触れないよ

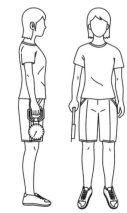

（真横からみた図）　（正面図）
図1　握力テスト[1]

うにして体側に持ち全力で握りしめる（図1）．
　デジタル握力計（T.K.K. 5401）を利用して測定する場合，電源を入れ，クリアーボタン［C］を押し，右左の順で左右交互に2回ずつ（合計4回）握力計を握りしめると平均値が表示される．

②上体起こし＜筋持久力＞

　上体起こしは，マットなどの上で両膝の角度を90度に保ち仰臥姿勢になり両手を軽く握り両腕を胸の前で組んだ状態から両肘と両大腿部が接するまで上体を起こす（図2）．補助者は足首をしっかりと固定する．なるべく速く上体起こしを繰り返し，30秒間に両肘と両大腿部が接した回数を測定する．測定は1回のみとする．

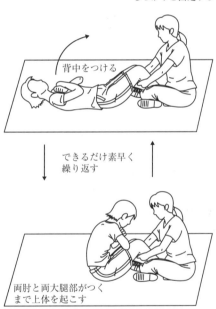

両膝を抱え込み，しっかりと固定する

背中をつける

できるだけ素早く繰り返す

両肘と両大腿部がつくまで上体を起こす

図2　上体起こしテスト[1]

③長座体前屈＜柔軟性＞

　壁に背中と臀部をつけ長座姿勢になり，肩幅の広さで両肘を伸ばし，専用の測定装置の手前端に手のひらの中央付近がかかるようにする（但し，足首の角度は固定しない）．この姿勢が初期姿勢となる．両手を台から離さないようにして前方にゆっくりと前屈し，最大に前屈したときの台の移動距離を測定する（図3）．膝が曲がらないように注意する．専用の測定装置を利用する場合の他に，台はA4判コピー用紙の箱などを二つ利用し

て40cm間隔で平行に置き，厚紙などを乗せることで簡易に作成することができる．

デジタル長座体前屈計（T.K.K. 5112）を利用して測定する場合，電源を入れ，クリアーボタン［C］を押し前屈すると記録が表示される．2回測定を行い良い方を記録する（単位：cm）．

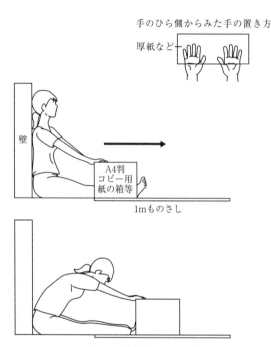

図3　長座体前屈テスト[1]

④反復横とび＜敏捷性＞

反復横とびは，床に3本の平行線を1m間隔で引き，中央線をまたいで立った状態から始めの合図で右側の線を越えるか触れるまでステップし，次に中央線に戻り，さらに左側の線にステップする（図4）．この動作を20秒間なるべく素早く繰り返し，各ラインを通過するごとに1点を与

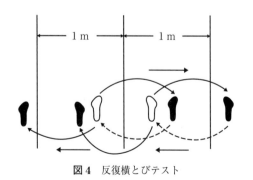

図4　反復横とびテスト

える．外側のラインを踏まなかったまたは越えなかった時や中央ラインをまたがなかった時は点数を加えない．2回測定を行い良い方を記録する．単位は減点する場合があるので点とする．

⑤立ち幅とび＜瞬発力（筋パワー）＞

両足を少し開き，つま先が踏み切り線の前の端に揃うように立ち，両足同時踏み切りで前方へ跳ぶ．着地した場所のうち最も踏み切り線に近い部分と踏み切り線までの距離を踏み切り線から直角になる所で測定する（図5）．測定は2回実施し良い方を記録する．記録はcm単位とし1cm未満は切り捨てる．実施上の注意として，踏み切りの際に二重踏み切りにならないように指導する．屋内でマットを利用して行う場合には着地の際に移動しないようにテープなどで固定する．

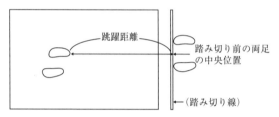

図5　立ち幅とびテスト

⑥20mシャトルラン（往復持久走）
＜全身持久力＞

20mシャトルランは，20〜64歳対象の新体力テストに含まれるテストであり，新体力テストの測定では急歩（測定方法省略）か20mシャトルランのどちらかを選択する．テスト専用のCDまたはテープが必要である．準備として20m間隔の2本の平行線を床に示す．一方の線上からスタートし，一定の間隔で1音ずつ電子音が鳴るため，次の電子音が鳴るまでに20m先の線に到達するようにする．この運動を繰り返し，電子音についていけなくなった直前の折り返し総回数を記録する．なお，電子音からの遅れが1回の場合，次の電子音に間に合い遅れを解消できればテストを継続することができる．テスト用の電子音の間隔は，初めはゆっくりであるが，1分ごとに短くなるようになっている．テスト終了後はゆっくりとした運動などによるクーリングダウンを行う．

表1を利用して，このテストの折り返し数から最大酸素摂取量を推定することができる．また，

逆に最大酸素摂取量がわかれば表1から20mシャトルランの測定を行った場合の折り返し数が推定でき，他の5項目の測定結果と合わせて体力の総合評価と体力年齢の判定が可能になる．

　以下にステーショナリバイクを利用した最大酸素摂取量の測定方法を紹介する．

⑦最大酸素摂取量＜全身持久力＞

　ステーショナリバイクを利用して最大下運動における心拍数変動から最大酸素摂取量を推定することができる．ステーショナリバイク（COMBIエアロバイク®800）を利用した最大酸素摂取量の測定方法は次のとおりである．1）電源を入れスイッチをオンにする．2）リセットボタンを押し乗車する（サドルの高さはペダルを踏み込んだときに膝に少し余裕ができる程度に調節する）．3）コース選択ボタンを押して［体力テスト］を選ぶ．4）イヤーセンサー（脈拍センサー）を耳たぶにつける．5）性別，年齢の順に入力する（【注意】20歳未満の人が最大酸素摂取量を測定するときは，必ず［20歳］と入力する）．入力後確認キーを押す．6）スタート／ストップキーを押す．7）1分間安静にした後，ピッチ音に合わせてペダルをこぐ．負荷が3分ごとに重くなるので適正回転数内でペダリングする（9分間）．8）クールダウンの合図で1分間ペダルをこぐ．9）パネルに表示されたデータを読み取る．最大酸素摂取量は［$\dot{V}O_2max$ 1／分］と表示されている．なお，上記の手順の過程で気分が悪くなった場合には無理をせず直ちに運動を停止する．

　最大酸素摂取量は，体力水準を表す代表的な測定項目であり全身持久力の指標として利用される．最大酸素摂取量は体重に比例するため，評価には体重当りの値が利用される．この値が高い人ほど循環器系の病気になりにくく，最大酸素摂取量は健康状態と関連が高いことが示されている．

　全身持久力を測定する以上の2項目の測定においては，医師の治療を受けている人や実施が困難と認められる人については行わない．

3）　体力の評価方法

　文部科学省の新体力テストの実施要項に基づきテストを実施すると，表2を利用して項目別得点を求めた後に合計点を算出することにより体力水

準の総合評価が可能になる．また，項目別得点の合計得点から体力年齢を知ることができる．大学生は20歳未満であっても20～64歳対象の評価基準を利用すれば，継続して20歳以降の体力変化と合わせて理解することが可能になる．

　20mシャトルラン（往復持久走）または急歩が実施できない場合に，ステーショナリバイク（例えば，COMBIエアロバイク®800）などにより最大酸素摂取量の推定ができれば，表1を利用して20mシャトルランのテストを実施した場合の折り返し数を推定することができる．この項目別得点と他のテストの項目別得点を利用すると体力の総合評価と体力年齢の推定が可能になる．

　項目別得点表は一定の年齢範囲の対象に適用できるように作成されている．そのため，例えば，20歳の人の項目別得点が10点満点中5点であった場合，標準的であると評価するのは正しくない．むしろ標準より劣ると評価できる．逆に64歳の人の項目別得点が5点の場合は標準より優れていることを意味するので注意すべきである．

　同年齢・同性の対象と比較したい場合，新体力テストに関しては，文部科学省のホームページ[3]で最新の平均値と標準偏差が公表されている．

　また，体力年齢の算出は，実年齢との比較から体力水準の現状を知ることができ，一般の人には理解しやすい評価方法である．体力年齢が実年齢よりも高い人は，体力年齢が実年齢に近くなるように努力する場合の目標値として利用できる．

4）　体力データの収集と分析
　～マークシートの記入と注意点～

　定期的な体力測定の実施によって，はじめに各個人の体力水準の評価が可能になる．次に体力測定により得られた多数のデータを集団ごとに収集して平均値や標準偏差を求めると，集団全体の体力水準や特徴を知ることができる．例えば，入学生を対象に体力測定を実施すれば，入学生全体の体力水準が明らかになる．また，体力データが蓄積され保管されていれば，新入学生の体力水準を過去の入学生の体力水準と比較することも可能である．このような分析結果は，新たな体育カリキュラムの改善に有益な資料になる．

　ここでは，体力データを収集し，コンピュータ

表1 20 m シャトルラン（往復持久走）最大酸素摂取量推定表[2]

平成 12 年 3 月改訂

折り返し数	推定最大酸素摂取量 (ml/kg/分)	折り返し数	推定最大酸素摂取量 (ml/kg/分)	折り返し数	推定最大酸素摂取量 (ml/kg/分)	折り返し数	推定最大酸素摂取量 (ml/kg/分)
8	27.8	46	36.4	84	44.9	122	53.5
9	28.0	47	36.6	85	45.1	123	53.7
10	28.3	48	36.8	86	45.4	124	53.9
11	28.5	49	37.0	87	45.6	125	54.1
12	28.7	50	37.3	88	45.8	126	54.4
13	28.9	51	37.5	89	46.0	127	54.6
14	29.2	52	37.7	90	46.3	128	54.8
15	29.4	53	37.9	91	46.5	129	55.0
16	29.6	54	38.2	92	46.7	130	55.3
17	29.8	55	38.4	93	46.9	131	55.5
18	30.1	56	38.6	94	47.2	132	55.7
19	30.3	57	38.8	95	47.4	133	55.9
20	30.5	58	39.1	96	47.6	134	56.2
21	30.7	59	39.3	97	47.8	135	56.4
22	31.0	60	39.5	98	48.1	136	56.6
23	31.2	61	39.7	99	48.3	137	56.8
24	31.4	62	40.0	100	48.5	138	57.1
25	31.6	63	40.2	101	48.7	139	57.3
26	31.9	64	40.4	102	49.0	140	57.5
27	32.1	65	40.6	103	49.2	141	57.7
28	32.3	66	40.9	104	49.4	142	58.0
29	32.5	67	41.1	105	49.6	143	58.2
30	32.8	68	41.3	106	49.9	144	58.4
31	33.0	69	41.5	107	50.1	145	58.6
32	33.2	70	41.8	108	50.3	146	58.9
33	33.4	71	42.0	109	50.5	147	59.1
34	33.7	72	42.2	110	50.8	148	59.3
35	33.9	73	42.4	111	51.0	149	59.5
36	34.1	74	42.7	112	51.2	150	59.8
37	34.3	75	42.9	113	51.4	151	60.0
38	34.6	76	43.1	114	51.7	152	60.2
39	34.8	77	43.3	115	51.9	153	60.4
40	35.0	78	43.6	116	52.1	154	60.7
41	35.2	79	43.8	117	52.3	155	60.9
42	35.5	80	44.0	118	52.6	156	61.1
43	35.7	81	44.2	119	52.8	157	61.3
44	35.9	82	44.5	120	53.0		
45	36.1	83	44.7	121	53.2		

表2　新体力テストの項目別得点表・総合評価基準表・体力年齢判定基準表（20〜64歳)[2]

テストの得点表および総合評価
(1) 項目別得点表により，記録を採点する．
(2) 各項目の得点を合計し，総合評価をする．
(3) 体力年齢判定基準表により，体力年齢を判定する．

項目別得点表

男子

得点	握力	上体起こし	長座体前屈	反復横とび	急歩	20mシャトルラン	立ち幅とび	得点
10	62kg以上	33回以上	61cm以上	60点以上	8'47"以下	95回以上	260cm以上	10
9	58〜61	30〜32	56〜60	57〜59	8'48"〜9'41"	81〜94	248〜259	9
8	54〜57	27〜29	51〜55	53〜56	9'42"〜10'33"	67〜80	236〜247	8
7	50〜53	24〜26	47〜50	49〜52	10'34"〜11'23"	54〜66	223〜235	7
6	47〜49	21〜23	43〜46	45〜48	11'24"〜12'11"	43〜53	210〜222	6
5	44〜46	18〜20	38〜42	41〜44	12'12"〜12'56"	32〜42	195〜209	5
4	41〜43	15〜17	33〜37	36〜40	12'57"〜13'40"	24〜31	180〜194	4
3	37〜40	12〜14	27〜32	31〜35	13'41"〜14'29"	18〜23	162〜179	3
2	32〜36	9〜11	21〜26	24〜30	14'30"〜15'27"	12〜17	143〜161	2
1	31kg以下	8回以下	20cm以下	23点以下	15'28"以上	11回以下	142cm以下	1

女子

得点	握力	上体起こし	長座体前屈	反復横とび	急歩	20mシャトルラン	立ち幅とび	得点
10	39kg以上	25回以上	60cm以上	52点以上	7'14"以下	62回以上	202cm以上	10
9	36〜38	23〜24	56〜59	49〜51	7'15"〜7'40"	50〜61	191〜201	9
8	34〜35	20〜22	52〜55	46〜48	7'41"〜8'06"	41〜49	180〜190	8
7	31〜33	18〜19	48〜51	43〜45	8'07"〜8'32"	32〜40	170〜179	7
6	29〜30	15〜17	44〜47	40〜42	8'33"〜8'59"	25〜31	158〜169	6
5	26〜28	12〜14	40〜43	36〜39	9'00"〜9'27"	19〜24	143〜157	5
4	24〜25	9〜11	36〜39	32〜35	9'28"〜9'59"	14〜18	128〜142	4
3	21〜23	5〜8	31〜35	27〜31	10'00"〜10'33"	10〜13	113〜127	3
2	19〜20	1〜4	25〜30	20〜26	10'34"〜11'37"	8〜9	98〜112	2
1	18kg以下	0回	24cm以下	19点以下	11'38"以上	7回以下	97cm以下	1

総合評価基準表

段階	20歳〜24歳	25歳〜29歳	30歳〜34歳	35歳〜39歳	40歳〜44歳	45歳〜49歳	50歳〜54歳	55歳〜59歳	60歳〜64歳	段階
A	50以上	49以上	49以上	48以上	46以上	43以上	40以上	37以上	33以上	A
B	44〜49	43〜48	42〜48	41〜47	39〜45	37〜42	33〜39	30〜36	26〜32	B
C	37〜43	36〜42	35〜41	35〜40	33〜38	30〜36	27〜32	24〜29	20〜25	C
D	30〜36	29〜35	28〜34	28〜34	26〜32	23〜29	21〜26	18〜23	15〜19	D
E	29以下	28以下	27以下	27以下	25以下	22以下	20以下	17以下	14以下	E

体力年齢判定基準表

体力年齢	得点	体力年齢	得点
20歳〜24歳	46以上	50歳〜54歳	30〜32
25歳〜29歳	43〜45	55歳〜59歳	27〜29
30歳〜34歳	40〜42	60歳〜64歳	25〜26
35歳〜39歳	38〜39	65歳〜69歳	22〜24
40歳〜44歳	36〜37	70歳〜74歳	20〜21
45歳〜49歳	33〜35	75歳〜79歳	19以下

データを整理するための個人の情報（生年月日や性別など）と測定に関する情報（記入日など）を記入する

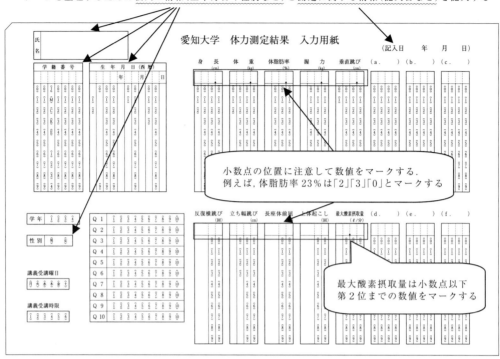

図6　体力測定結果入力用紙（マークシート）への記入と注意点

での統計解析（平均値や標準偏差などの算出）を可能にするために，体力測定結果をデータとしてファイルに取り込むためのマークシートの利用について紹介する（図6）．マークシートには個々に決められた様式があるため，その様式・形式に沿って値を正しくマークしなければならない．

　図6に示したマークシートでは，次に示すような点に注意しなければならない．データを整理するための個人の情報（氏名，生年月日，性別，その他の属性など）を正しく記入・マークする．氏名は記入するが集団で分析するため個人別に結果が公表されることはない．生年月日から測定実施日の年齢を算出することができる．個人の属性に基づく情報により，例えば，性別や学部別の体力特性を明らかにし比較検討することができる．

＜引用・参考文献＞

1) 出村慎一，村瀬智彦「健康・スポーツ科学入門［改訂版］」大修館書店，2010.
2) 文部省「新体力テスト―有意義な活用のために―」文部省，2000.
3) 文部科学省「平成28年度体力・運動能力調査報告書」http://www.e-stat.go.jp/SGI/estat/List.do?bid=000001095718&cycode=0, 2017.
4) Sato, T., Demura, S., Murase, T., Kobayashi, Y. "Quantification of relationship between health status and physical fitness in middle-aged and elderly males and females" *Journal of Sports Medicine and Physical Fitness*, Vol. 45, No. 4, pp. 561-569, 2005.

3. 健康を維持するための食生活

1) 食事バランスガイド

健康を維持するためには，適度なエネルギーと栄養の摂取が欠かせない．2005 年に農林水産省と厚生労働省が共同でバランスのとれた食生活を送るための指針として作成したのが，食事バランスガイド[1]である．特に「30～60 代の男性肥満者の増加」，「野菜摂取量の不足」，「若年者の欠食習慣」などの食生活の改善をねらいとし，スパーやコンビニでの食料・食材の購入と飲食店での食事摂取の際に栄養バランスのとれた食生活を自己判断できるようになることもねらいとして提案されたものである．

(1) 食事バランスガイドとは？

「何を」，「どれだけ」食べればよいのかを一目でわかるように，主食，副菜，主菜，乳製品，果物の五つの料理区分順に並べ，おおよその量を「コマ」をイメージしたイラストに組み込んである．それぞれに 1 日の目安量が，料理別に表されており，コマの中心が水やお茶の水分となり，ヒモは楽しみにあたる菓子や嗜好品飲料となってい

る．ただし，このコマが安定して回るためには，適度な運動を加える必要がある．

①食事バランスとは？

私たち日本人の主な食事は，主食，主菜，副菜，汁物，その他（牛乳・乳製品，果物，菓子や嗜好品飲料）というのが基本型である．

主食は，エネルギー源となる炭水化物が多く含まれる食品が中心である．主菜は，たんぱく質の供給源となる料理であり，副菜（汁物を含む）は，ビタミン，ミネラル，食物繊維などの供給源であり，牛乳・乳製品はカルシウムの供給源となる．また，果物はビタミンCやカリウムなどの供給源であり，菓子や嗜好飲料は食生活の楽しみとして欠かせないものである．

これらの 1 日に摂取する食事量と自分の年齢や活動量から摂取の目安を確認して比較することによって食事のバランスを知ることができるのと同時に，大まかな食事の栄養バランスの善し悪しを判断することができる．

②食事バランスガイドとその活用

この食事バランスガイドは，以下の二つの活用

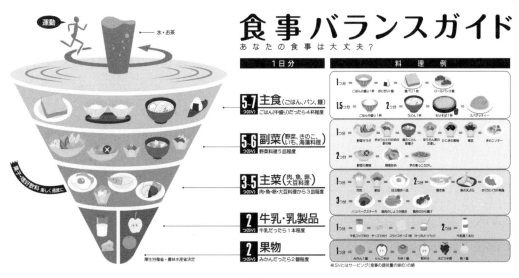

図1

のためにある．第1は，自分が1日に摂取した食事について，自分の年齢や活動量から摂取の目安を確認し，各料理区分の適量範囲をチェックし，栄養バランスを確認することである．

第2に各料理区分から好みの料理を選んで，栄養バランスのとれた1日の食事を自分自身で組み立て，食生活の健康管理に生かすことができるようになることである．

③食事バランスガイドの中身

食事バランスガイドでは，各料理区分における単位は，つ（SV）であり，サービング（食事の提供量）の略である．

主食は，コマの一番上に位置し，炭水化物の供給源であり，ごはん，パン，めん，スパゲッティーなどを主材料とする料理である．1つ（SV）＝主材料に由来する炭水化物約40gである．

副菜は，コマの上から2段目に位置し，主にビタミン，ミネラル，食物繊維の供給源である野菜，いも，豆類（大豆を除く），きのこ，海藻などを主材料とする料理である．1つ（SV）＝主材料の重量約70gであり，小鉢に相当する．

主菜は，コマの上から3段目に位置し，主にたんぱく質の供給源である肉，魚，大豆および大豆製品などを主材料とする料理である．1つ（SV）＝主材料に由来するたんぱく質約6gに相当する．

牛乳・乳製品は，コマの一番下の左側に位置し，主にカルシウムの供給源である牛乳，ヨーグルト，チーズなどが含まれる．1つ（SV）＝主材料に由来するカルシウム約100mgに相当する．

果物は，コマの一番下の右側に位置し，主にビタミンC，カリウムなどの供給源であるりんご，みかんなどの果実およびすいか，いちごなどの果実的な野菜が含まれる．1つ（SV）＝主材料の重量約100gである．

コマの中心には，水とお茶がイメージされている．水やお茶の水分は食事の中で欠かせないものであり，料理，飲料として食事や食間などに十分量をとる必要があることから軸として表現されている．

また，菓子・嗜好飲料は食生活の楽しみとしてとらえ，食事全体の中で適度にとる必要があることから，コマを回すためのヒモとして表現され，「楽しく適度に」というメッセージがつけられ，1日200kcal程度が目安とされている．

イラスト上には，油脂・調味料については，基本的に料理の中に使用されているものであることから表現されていないが，料理を選ぶ際には，エネルギー，脂質，塩分の表示を併せて，チェックすることが必要である．

(2)　食事バランスの診断方法

食事バランスの診断は，1日に摂取する食事量と自分の年齢や活動量から摂取の目安を確認して比較するが，そのためには1日のエネルギー必要量を求め，そのエネルギー必要量に見合った主食，副菜，主菜，牛乳・乳製品，果物の適量としての摂取目安をみつけなければならない．

①1日のエネルギー必要量

まず，自分の肥満度の判定を実施する．体格指数であるBMI（Body Mass Index）は以下の計算式により，算出する．

BMI＝体重÷（身長×身長）

例）体重は70kg，身長155.5cmの人の場合体重はkg単位，身長はm単位にて計算する．

70÷（1.555×1.555）＝28.9（小数第2位を四捨五入）

算出されたBMIを判定するには以下の表を用いる．

＜BMI＞	＜肥満度の判定＞
18.5未満	やせている
18.5～25未満	普通
25～30未満	肥満
30～35未満	重度肥満

次に自分の身体活動レベルを判断する．

生活の大部分が座位の場合は，「低い」とし，座位中心だが仕事・家庭・通勤・余暇での歩行や立位作業を含む場合，または歩行や立位作業や活発な運動習慣を計5時間程度行っている場合は，「ふつう以上」とするが，さらに，強いスポーツ等を行っている場合には，多くのエネルギーを必要とするので，身体活動の内容や時間に応じて適宜調整が必要である．

一方，BMIが18.5未満のやせの場合は，エネルギー必要量を1ランクアップし，BMIが25以

上の肥満の場合はエネルギー必要量を1ランクダウンする．

②1日の摂取目安の決定

　表1の年齢と身体活動量から1日に必要なエネルギー量を判断する．次にそのエネルギー必要量に見合った五つの料理区分の摂取目安を適量とする．その際に，摂取目安には範囲があるため，自分のエネルギー必要量に近いものを選択する．

表1

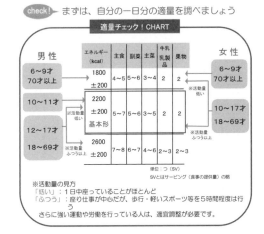

check! まずは、自分の一日分の適量を調べましょう

check! 自分の1日の適量を、書き込みましょう。

エネルギー	主食	副菜	主菜	牛乳・乳製品	果物
kcal	つ (SV)	つ (SV)	つ (SV)	つ (SV)	つ (SV)

③食事バランスの診断

　コマの五つの料理区分を自分の適量の部分まで斜線を書く．次に1日に摂取した料理について思い出して，何を食べたかを書き，五つの料理区分のそれぞれ「つ(SV)」になるかを食品例やサイズ一覧表（表2と表3）から選択して書く．さらに，コマをその分色をつけて塗り，自分の摂取目安の適量と比べて不足や過剰がないかを判断する．また，適度な運動により，十分にコマを回したかを判断し，自分の食事バランスの診断が可能となる．

<引用・参考文献>

1) 厚生労働省ホームページ，「食事バランスガイド」について，http://www.mhlw.go.jp/bunya/kenkou/eiyou-shokuji.html，2012
2) 厚生労働省ホームページ，「食事バランスガイド」で実践毎月の食生活チェックブック，http://www.mhlw.go.jp/bunya/kenkou/pdf/eiyou-syokuji8.pdf，p.2
3) 農林水産省ホームページ，主な料理・食品の「つ (SV)」早見表，http://www.maff.go.jp/j/balance_guide/b_sizai/pdf/a4_nash_table.pdf
4) 農林水産省ホームページ，食事バランスガイド若者向け解説者，附録つ (SV) 早見表，http://www.maff.go.jp/j/balance_guide/b_sizai/kaisetuso.html#svcounter

表2

主な料理・食品の「つ（SV）」早見表

	料理名	主食	副菜	主菜	牛乳・乳製品	果物
主食	ごはん（小盛り）	1	—	—	—	—
	ごはん（普通盛り）	1.5	—	—	—	—
	ごはん（大盛り）	2	—	—	—	—
	まぜごはん（普通盛り）	1.5	—	—	—	—
	おにぎり	1	—	—	—	—
	すし（にぎりずし8個）	2	—	2	—	—
	親子丼	2	1	2	—	—
	天丼	2	—	1	—	—
	かつ丼	2	1	3	—	—
	カレーライス	2	2	2	—	—
	チャーハン	2	1	2	—	—
	マカロニグラタン	1	—	—	2	—
	食パン（6枚切り）	1	—	—	—	—
	ロールパン（2個）	1	—	—	—	—
	ミックスサンドイッチ	1	1	1	1	—
	ハンバーガー	1	—	2	—	—
	うどん/そば/ラーメン	2	—	—	—	—
	スパゲッティ	2	1	—	—	—
	焼きそば	1	2	1	—	—
	肉まん	1	—	—	—	—
	お好み焼き	1	1	3	—	—
	たこ焼き	1	—	1	—	—
副菜	トマト/枝豆	—	1	—	—	—
	生野菜のサラダ	—	1	—	—	—
	酢の物/おひたし	—	1	—	—	—
	和えもの/ごま和え	—	1	—	—	—
	きんぴらごぼう	—	1	—	—	—
	野菜いため	—	2	—	—	—
	野菜の煮物（小ばち）	—	1	—	—	—
	野菜の煮物（中ばち）	—	2	—	—	—
	ポテトサラダ	—	1	—	—	—
	ポテトフライ	—	1	—	—	—
	コロッケ	—	2	—	—	—
	里いもの煮物	—	2	—	—	—
	きのこいため	—	1	—	—	—
	海藻サラダ	—	1	—	—	—
	ひじきの煮物	—	1	—	—	—
	具だくさんみそ汁	—	1	—	—	—
	コーンスープ	—	1	—	—	—
	野菜ジュース	—	1	—	—	—

	料理名	主食	副菜	主菜	牛乳・乳製品	果物
主菜	ウインナー	—	—	1	—	—
	焼き鳥（2本）	—	—	2	—	—
	からあげ（3個）	—	—	3	—	—
	ギョーザ・シュウマイ（5個）	—	1	2	—	—
	しょうが焼き（3枚）	—	—	3	—	—
	とんかつ	—	—	3	—	—
	ハンバーグ	—	1	3	—	—
	ミニハンバーグ	—	—	1	—	—
	肉野菜いため	—	2	2	—	—
	肉じゃが（中ばち）	—	3	1	—	—
	クリームシチュー	—	3	2	1	—
	さしみ（6切れくらい）	—	—	2	—	—
	焼き魚/煮魚	—	—	2	—	—
	魚のフライ	—	—	2	—	—
	天ぷら盛り合わせ	—	1	2	—	—
	目玉焼き/卵焼き（卵1個分）	—	—	1	—	—
	オムレツ（卵2個分）	—	—	2	—	—
	なっとう	—	—	1	—	—
	冷やっこ	—	—	1	—	—
	マーボードーフ	—	—	2	—	—
牛乳・乳製品	牛乳（200ml）	—	—	—	2	—
	ヨーグルト（1パック）	—	—	—	1	—
	プロセスチーズ（1枚）	—	—	—	1	—
果物	みかん/かき（1個）	—	—	—	—	1
	りんご/なし（半分）	—	—	—	—	1
	いちご（6個）	—	—	—	—	1
	バナナ（1本）	—	—	—	—	1
	100%フルーツジュース	—	—	—	—	1

※この「つ（SV）」は大人が食べる標準的な量をもとに計算しています。
　子どもの場合は、一人前の量がこれよりも少ないこともあります。

ヒモ（お菓子・嗜好飲料）のカロリー早見表

名前	kcal
メロンパン（1個）	443kcal
ショートケーキ（1個）	378kcal
アイスクリーム（小1個）	270kcal
大福もち（1個）	255kcal
どら焼き（1個）	241kcal
クッキー（6枚）	233kcal
コーラ（500ml）	230kcal
あんぱん（1個）	218kcal

名前	kcal
せんべい（3枚）	206kcal
クリームパン（1個）	201kcal
シュークリーム（1個）	191kcal
ドーナツ（1個）	177kcal
ポテトチップス（約1/2袋）	166kcal
スポーツドリンク（500ml）	135kcal
カステラ（1切れ）	128kcal
プリン（1個）	113kcal

名前	kcal
ゼリー（1個）	102kcal
チョコレート菓子（20g）	100kcal
チョコレート（約1/4枚）	84kcal
あめ（3つ）	78kcal
缶コーヒー	72kcal
シャーベット（1個）	70kcal

※カロリー数は標準的な量の場合のものです。
　大きさによって違うこともあります。

表3　和食・洋食・中華のサイズ一覧表

	メニュー	主食	副菜	主菜	牛乳・乳製品	エネルギー(kcal)
和食	1 ご飯・小	1	0	0	0	170
	2 おにぎり	1	0	0	0	170
	3 炊き込みご飯	1	0	0	0	230
	4 いなりずし（小2個）	1	0	0	0	270
	5 すし（にぎり）盛り合わせ	2	0	2	0	500
	6 親子丼	2	1	2	0	510
	7 天丼	2	0	1	0	560
	8 うな重	2	0	3	0	630
	9 牛丼	2	0	2	0	730
	10 かつ丼	2	1	3	0	870
	11 かけうどん	2	0	0	0	400
	12 天ぷらうどん	2	0	1	0	640
	13 ざるそば	2	0	0	0	430
	14 焼きそば	1	2	1	0	540
	15 たこ焼き（6個）	1	0	1	0	320
	16 お好み焼き	1	1	3	0	550
	17 きゅうりのもろみ添え	0	1	0	0	30
	18 きゅうりとワカメの酢の物	0	1	0	0	30
	19 ほうれん草のおひたし	0	1	0	0	20
	20 春菊のごま和え	0	1	0	0	80
	21 きんぴらごぼう	0	1	0	0	100
	22 小松菜の炒め煮	0	1	0	0	100
	23 ひじきの煮物	0	1	0	0	100
	24 野菜の煮しめ	0	2	0	0	130
	25 切り干し大根の煮物	0	1	0	0	120
	26 野菜炒め	0	2	0	0	210
	27 枝豆	0	1	0	0	70
	28 うずら豆の含め煮	0	1	0	0	110
	29 かぼちゃの煮物	0	1	0	0	120
	30 じゃがいものみそ汁	0	1	0	0	70
	31 里芋の煮物	0	2	0	0	120
	32 ふかし芋	0	1	0	0	130
	33 焼鳥2本	0	0	2	0	210
	34 豚肉のしょうが焼き	0	0	3	0	350
	35 肉じゃが	0	3	1	0	350
	36 すき焼き	0	2	4	0	670
	37 さしみ	0	0	2	0	80
	38 かつおのたたき	0	0	3	0	100
	39 干物	0	0	2	0	80
	40 鮭の塩焼き	0	0	2	0	120
	41 さんまの塩焼き	0	0	2	0	210
	42 煮魚	0	0	2	0	210
	43 おでん	0	3	2	0	230
	44 天ぷら盛り合わせ	0	1	2	0	410
	45 茶わん蒸し	0	0	1	0	70
	46 目玉焼き	0	0	1	0	110
	47 玉子焼き	0	0	1	0	100
	48 冷奴	0	0	1	0	100
	49 納豆	0	0	1	0	110
	50 がんもどきの煮物	0	1	2	0	180

	メニュー	主食	副菜	主菜	牛乳・乳製品	エネルギー(kcal)
洋食	51 エビピラフ	2	0	1	0	480
	52 チキンライス	2	0	1	0	650
	53 オムライス	2	0	2	0	610
	54 カレーライス	2	2	2	0	760
	55 ドリア	1	0	1	2	570
	56 マカロニグラタン	1	0	0	2	450
	57 スパゲッティ(ナポリタン)	2	1	0	0	520
	58 スパゲッティ(ミートソース)	2	1	0	0	660
	59 ロールパン（2個）	1	0	0	0	190
	60 トースト（6枚切り）	1	0	0	0	220
	61 ぶどうパン	1	0	0	0	220
	62 調理パン	1	0	0	0	280
	63 ピザトースト	1	0	0	2	310
	64 クロワッサン（2個）	1	0	0	0	360
	65 ミックスサンドイッチ	1	1	1	1	550
	66 ハンバーガー	1	0	2	0	500
	67 海藻とツナのサラダ	0	1	0	0	70
	68 ゆでブロッコリーのサラダ	0	1	0	0	90
	69 きのこのバター炒め	0	1	0	0	70
	70 ポテトフライ	0	1	0	0	120
	71 ポテトサラダ	0	1	0	0	170
	72 コロッケ	0	2	0	0	310
	73 野菜スープ	0	1	0	0	60
	74 コーンスープ	0	1	0	0	130
	75 ウィンナーのソテー	0	0	1	0	180
	76 メンチカツ	0	0	2	0	350
	77 トンカツ	0	0	3	0	350
	78 ビーフステーキ	0	0	5	0	400
	79 ハンバーグ	0	1	3	0	410
	80 ロールキャベツ	0	3	1	0	240
	81 クリームシチュー	0	3	2	1	380
	82 鮭のムニエル	0	0	3	0	190
	83 魚のフライ	0	0	2	0	250
	84 オムレツ	0	0	2	0	220
中華	85 チャーハン	2	1	0	0	700
	86 ビビンバ	2	2	2	0	620
	87 白がゆ	1	0	0	0	140
	88 天津メン	2	0	2	0	680
	89 ラーメン	2	0	0	0	430
	90 チャーシューメン	2	1	1	0	430
	91 ほうれん草の中国風炒め物	0	2	0	0	210
	92 もやしにら炒め	0	1	0	0	190
	93 シューマイ（5個）	0	1	2	0	290
	94 ギョーザ（5個）	0	1	2	0	350
	95 春巻き（2本）	0	1	1	0	300
	96 酢豚	0	2	3	0	640
	97 鶏肉の唐揚げ	0	0	3	0	300
	98 あじの南蛮漬け	0	0	2	0	230
	99 八宝菜	0	1	2	0	330
	100 麻婆豆腐	0	0	2	0	230

「つ（SV）」とは、食事の提供量の単位のことです。

出典：フードガイド検討会報告書
福岡女子大学　早渕研究室

4.　生活習慣病の予防と健康行動

1)　運動の必要性（ヒトはなぜ「動く」必要があるのか）

　ヒトは霊長類に所属しているが，他の霊長類と大きく異なるのは，「直立二足姿勢」と「直立二足歩行」が生活の基本型として定着したことである．我々の祖先がサルから枝分かれして立ち・歩くようになったのが約700万年前であり，その後，立ち・歩くことに身体が適応進化したと考えられている．

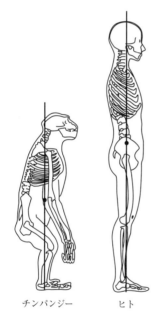

図1　チンパンジーとヒトの二足姿勢（木村，1990）[12]

チンパンジー　　　ヒト

(1)　立ち・歩くためにできた身体

　ヒトの脊柱はS字状になっており，首の高さでは前湾，胸では後湾，腰では前湾，仙骨・尾骨で後湾と湾曲していて，立位姿勢で動く（歩く）ときに，地面に対して垂直方向の重力に耐えるようにできており，体全体が大きな衝撃を受けないような形状を成している（図1）．また，骨盤は前方からみると腸骨が大きく，鳥が翼を拡げた形になっており，重力により下垂する内臓をしっか

り支えるようにできている（図2）．さらに，下肢の大腿骨が内向型になっており，丈夫な膝関節に結合して真っ直ぐに下肢を伸ばして立つことを可能にしており（図2参照），把握性を消失した前後に細長い足がアーチ状に形成されて体重を強固に支えている．

　このようにヒトの身体は，立ち・歩くのに適した身体に長い年月をかけて変化してきたと考えられている．

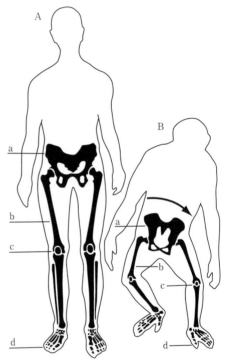

A　ヒトの下肢．じょうご状の骨盤，内向型の大腿骨，じょうぶな膝関節，土踏まずなどが，スムーズな二足歩行を可能にしている．
B　チンパンジーの下肢．長い骨盤，外向型の大腿骨，握ることのできる足指は，四足歩行を助けるが，二足歩行では，ガニマタでからだをゆする歩き方しかできない．

　a　骨盤　　　c　膝関節
　b　大腿骨　　d　足

図2　チンパンジーとヒトにおける骨盤と下肢[2]

(2)　立ち・歩くための身体

　我々の祖先は，狩猟・採集民であり，生活のために獲物を探し，あるいは採集をする生活様式であり，そのほとんどが立ち・歩く時間に費やされていたことが想像できよう．このような生活行動時間が多く費やされたことにより，我々は立ち・歩くための身体を適応進化により手に入れたのであろう．しかし，逆に，我々の身体は，立ち・歩く時間が生活に全くなかったり，不足すると生理的にマイナスの影響が発生する身体となっており，本来，立ったり，歩いたりというような「動くようにつくられた身体」といえる．

2)　生活習慣病とその予防
(1)　運動不足病
①運動不足病とは

　1961 年米のクラウス[13]は，「日常生活における習慣的な身体活動の不足によって生ずると考えられている疾患」のことを運動不足病（Hypokinetic disease）と呼び，その後，一般的に使われるようになった．運動不足がその発生に原因的要因として関与しており，主に肥満症，狭心症，心筋梗塞，動脈硬化症，高血圧症，ノイローゼ，自律神経不安定症候群，腰痛症などがある．

②ベッドレストによる生理的変化

　運動不足の究極の状態は，ベッド上で寝たきりになること（ベッドレスト）である．1～3 週間のベッドレストで表1に示したような生理的にマイナスの変化が身体へ生じる.

③無重力環境（スペースシャトル）における生理的変化

　我々は地球上で立つことにより，骨の長育方向へ重力を受けて生活しており，骨や筋肉に常に刺激を与え続けており，ある一定に筋量や骨量が維持されている．しかし，宇宙は無重力環境であり，体重を支持したり，重量物を持ち上げたり，移動させたりするのに筋肉の活動がほとんど必要ない．この宇宙環境下では，地球上でのベッドレスト（寝たきり姿勢）と同じような身体への影響があり（表2），（図3），宇宙に滞在する時には，乗組員の生命や健康維持のためにスペースシャトル内での身体運動（自転車こぎ，エキスパンダーを使った運動等）が必須になっている.

　地球上で日常の生活をしている場合は宇宙環境やベッドレスト状態とは異なるが，以下に述べるような運動不足の状態が続くと，宇宙環境やベッドレスト状態に近づくということがいえる.

表1 ベッドレスト中におこる生理的変化のタイムコース[11]

0～3 日	4～7 日	8～14 日	15 日以上
・利尿 ・尿へのカルシウム脱出 ・血漿，細胞間および細胞外液量の減少 ・胃液分泌の減少 ・ふくらはぎ血液量の減少 ・静脈の伸展性の増加 ・中好性白血球の消化機能の増加 ・糖耐性の低下 ・重力耐性の減少	・クレアチニン尿症 ・ハイドロキシプロリン尿症 ・燐酸塩尿症 ・窒素出納のマイナス ・血液フィブリノーゲンと凝固の増加 ・血液フィブリン溶解作用の増加 ・聴覚閾値の向上 ・視力の近点の延長 ・眼の焦点の延長 ・眼球結膜の充血と網膜動静脈の拡張 ・中好性白血球の吸収機能の低下 ・傾斜台不耐性	・ピロ燐酸塩尿症 ・赤血球量の減少 ・白血球の食作用の低下 ・発汗の感度の増大 ・運動による高体温の増大 ・組織の熱伝導度の減少	・高カルシウム尿のピーク ・熱刺激に対する感受性の変化 ・聴覚閾値の二次的向上 ・重力耐性の低下

(Greenleaf, J. E. & Kozlowski, S., 1982)

表2　宇宙の無重力障害対策として考えられる運動処方（Tipton, 1983）[14]

対象となる障害	短期飛行時の処方	長期飛行時の処方
骨の脱カルシウム	長骨への機械的刺激：下肢，背筋に対する最大等尺性運動．	運動の頻度を高め，さらに多くの筋群を含む等尺性運動．
体液減少	運動の頻度は低く，強度の等尺性運動．	自転車エルゴメータによる短時間の最大運動も取り入れる．
起立性失調と循環性失調	強度の等尺性，等速性運動をサーキット・トレーニング方式で．運動の頻度は低く抑える．	運動の頻度を高め，自転車エルゴメーターによる短時間の最大運動も取り入れる．
筋萎縮と機能低下	特に抗重力筋に対する強度の等尺性，等速性運動．運動の頻度は低く抑える．	運動の頻度を高め，全身のすべての主要筋群が含まれるようにする．

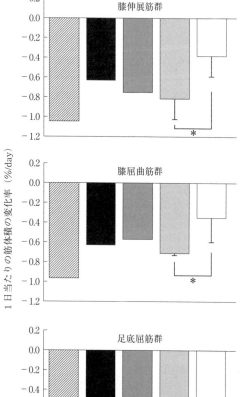

n＝10，Sub A〜C：宇宙飛行士，Bed rest：20日間のベッドレスト

大まかにみると1日当たりの筋萎縮率は，宇宙飛行の場合がベッドレストのそれより約2倍を示す．

図3　宇宙飛行とベッドレスト中の1日当たりの筋萎縮率[1]

④生活習慣病の危険因子としての「運動不足」

　肥満，高脂血症，高血圧，糖尿病，虚血性心疾患，脳血管障害，癌などの生活習慣病は，さまざまな危険因子が相互的に関連して発症する．「運動不足」もその危険因子の一つであり，1960年代以降の我が国における生活習慣病増大の大きな要因の一つと考えられている．

　1960年代以降，我が国は高度経済成長期を向かえ，経済成長と伴に公共交通機関が発達し，車社会の到来とオフィスのオートメーション化による肉体労働の軽減が起こり，これまでの通勤や労働による身体運動量が明らかに低下し，運動不足が生じた．このような長時間立歩の消失による運動不足は，本来ヒトとして動くようにできているからだに害を与え，生活習慣病を増大させ続けている．

　その例は6ページの図5，7ページの図6および図9に示されている．運動習慣と生活習慣病の関係は実際に測定され，調べられた多くのデータから明らかになっている．

　ここにも運動の必要性の根拠がある．

(2)　現代人の運動不足の実態とその解消
①現代日本人の身体運動量

　今から50年以上も前の日本では，乗り物に乗らず3〜4km歩くのが普通だったという．日本人の平均歩幅を70cmとして歩数換算するとおよそ4300〜5700歩になる．これ以外にも1日に歩いているはずであり，50年前の人達は1日に楽に1万歩を越えていたことが想像できる．

　表3に現代日本人の各職種別の1日の歩数を調

表3　各職種ごとの典型的な歩行歩数の推定値（波多野ら，1987)[3]

職　　　種			歩行歩数
サ　ラ　リ　ー　マ　ン			5,800
O		L	5,380
技　　　　　術　　　　　職			4,600
管　理　職	社	長	4,000
	部　・　課	長	4,980
公　　　　　務　　　　　員			5,700
教　　員	小　　学　　校		6,730
	中　　学　　校		6,050
	高　　　　　校		6,100
	大　　　　　学		5,500
	保　　　　　母		6,950
自　由　業	翻　　　　　訳		4,100
	コ　ン　サ　ル　タ　ン　ト		5,200
	デ　ザ　イ　ナ　ー		5,200
自　営　業	男		5,850
	女		7,650
セ　ー　ル　ス　マ　ン			5,700
無　　職　　老　　人			2,800
主　　　　　　　　　　婦			4,500
休　日　在　宅　（　有　職　者　）			2,930

査したデータを示した．ほとんどの職種で4000～6000歩程度と極めて少ないことがわかる．これを70m／分の速度で散歩のようにゆっくりとしたペースで歩いたと仮定したならば，4000～6000歩を1日に歩くにはおよそ40～60分の歩行時間となる．

②生活習慣病予防のための身体運動量

　現代においても狩猟採集や原始的農耕をして生活をしている人達，あるいは開発途上国で公共交通機関が未発達の地において肉体労働で生活している人達は，日常の生活活動そのものが身体運動である．このような人達には肥満者や高脂血症，虚血性心疾患などの生活習慣病はほとんどみられないという．

　現在も公共交通機関がないネパールの山岳地帯で自給自足の生活をしている人々の歩数を調査したデータ（図4）では，産後6ヶ月以内で授乳期

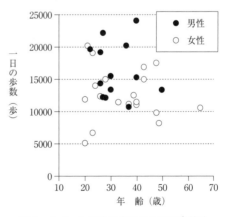

図4　ネパール丘陵地農民の1日の歩数[10]

の20歳代の2名を除いてほとんどが1万歩以上で，全体の平均で14,263±4,486歩であった．現代の日本人の2倍以上歩いており，それに要している時間も120分以上である．

③大学生の運動不足の実態とその解消のための身体運動

筆者（松岡）が運動部活動をしていない大学生の1日の歩数を体育実技がない日に測定した結果は，4000～6000歩であり，歩数からみる限り極めて運動不足であるといえる．また，90分間の大学の体育実技の授業中の歩数は，卓球は6000～7000歩，バレーボールは3500～4500歩，バスケットボールは4500～6000歩，ドッジボールは4500～5000歩であった（筆者未発表データ）．

このように運動部活動を行っていない大学生では，普段の日常的な生活に90分間の体育実技を加えて，やっと1万歩に達成する状況にある．また，生活習慣病がほとんどみられない50年以上前の日本人あるいは現代のネパール人の活動水準までに達するには，さらに，立ったり歩いたりに費やす時間を設けることが必要である．

④身体運動量の測定方法

授業のなかで歩数計を配るので，まず必要な身体データなどを入力する．それを腰につけて1週間過ごし（お風呂に入るとき，寝るとき以外は装着）．その結果を教科書の巻末にある＜スポーツ・健康演習「歩数・エネルギー消費量」提出用紙＞に記録する．用紙に書かれている運動量とは，全エネルギー消費量から基礎代謝量（その人が生命を維持するために最低限必要なエネルギー量）を引いた値である．言い換えると，正味動くことによって消費されたエネルギー量のことである．

この測定・記録によって，日常どの程度歩いているのか，運動量・エネルギー消費量はどの程度かを知る．またそれらのデータが通学，アルバイト，運動，買い物などによってどのように影響されているか，その結果からどういうふうに運動（歩行）していけばいいのかなどを考察する．

なお歩数計は移動するスピードも捉えているので，歩数と運動量は必ずしも比例しない．

3)　生活習慣病予防のための健康行動（飲酒，喫煙，睡眠，危険ドラッグ）

ここまで述べてきたように，適度な運動を行い，それを継続することが生活習慣病を予防し，健康を維持することに貢献することは確かであるが，それだけを行ってさえいればよいということではない．運動以外の生活習慣も大切である．栄養の摂取については第1章の3で述べられているが，ここでは飲酒と喫煙について引用したものを述べる．また学期最初に行っている健康調査のデータから，睡眠について若干述べる．また違法ドラッグについて簡単に，引用して示す．

(1)　飲酒
①飲酒の害

アルコールの取りすぎは，胃炎・急性膵炎・慢性膵炎・口腔や食道の癌を引き起こすか，痛風・高血圧症などの悪化にも関与するが，一番問題になるのは，肝障害であろう．大量の飲酒を続けていると肝臓の細胞内に中性脂肪がたまっていく．肝臓の細胞全体の30％以上に脂肪の塊が沈着した場合を脂肪肝という．

脂肪肝の原因には，色々あるが，アルコールを毎日3合以上飲み続けると数年でアルコール性脂肪肝になるといわれている．さらに飲酒を続けていくと，アルコール性肝線維症やアルコール性肝炎に進展する．前者は肝細胞の周囲に線維が増加していくもので，後者は肝細胞がアルコールのために変性・壊死を起こした状態である．いずれの場合も進行するとアルコール性肝硬変となる（5合以上を10年間飲み続けると危ないといわれている）．

肝硬変は，肝細胞の破壊が繰り返されることにより組織の線維化が進み，肝臓が硬くなった状態で，こうなると肝臓は正常の働きができなくなり，生命に係わる状態となる．これらの肝障害の問題点は，自覚症状がほとんどないか，あっても軽度のだるさ・食欲不振程度で，あまく見ているうちに肝障害が進行し，気がついたときにはすでにかなり重症という事が少なくないことである．唯一職場検診などの時に行われる肝機能検査がその存在を発見するチャンスである．

②急性アルコール中毒

急性アルコール中毒とは短時間に急激にアルコールを摂取してしまい，血液中のアルコール濃度が多くなってしまう非常に危険な病気である．全国各地で成人式や大学生の新歓コンパなどでよく

一気飲みをさせられて死亡してしまうなどの非常に怖い事例も数多く発生している.

　急性アルコール中毒の恐ろしい所は, そもそもアルコールは脳を麻痺させる機能を持っているところである. それが大脳辺縁部から呼吸や心臓の働きを制御する脳幹部まで麻痺が拡大し, ひどい場合には生命を維持する脳の中枢まで麻痺させてしまい, 呼吸機能や心肺機能まで停止させてしまう事もある.

　詳しいデータを見てみると体内の血液に対するアルコール濃度が 0.4% 以上になると約 1・2 時間で人間は死に至り, 急性アルコール中毒の患者は 20 代が圧倒的に多く, また, その 2/3 が男性といわれている.

　コンパなどで一気飲みを強要され, 強いお酒を短時間で飲み干すと体内のアルコール濃度が一気に上昇し, アルコールの分解機能に関係なく (つまりはお酒に強い人・弱い人に関係なく) 誰もが陥りやすい非常に恐ろしい症状である.

　普通はほろ酔い期⇒酩酊 (めいてい) 期⇒泥酔期⇒昏睡期といった順番で徐々に血液中のアルコール濃度が上がっていくので自覚症状がある. しかし一気飲みをした場合などは大量のアルコールを摂取する事によりいきなり泥酔期や昏睡期に到達してしまう. このような場合は急性アルコール中毒を疑い, すぐに救急車を呼ばないと大変危険な状態へ陥る事になる. アルコール摂取過多により昏睡状態にあるにも関わらず, すぐに救急車を呼ばないなど適切な処置をとらずに最悪の場合死亡してしまったりすると, 周りの人間ももちろん刑事罰に問われ, 一生を台無しにしてしまう事も多々ある.

　このように急性アルコール中毒はなった人もさせてしまった人もその後の人生を台無しにする恐れがあり, 一番怖いのはこのような状況には一般社会を生きていく上でだれしも陥りやすい事だということである.

　急性アルコール中毒は本当に怖いものだという認識を持ち, 一気飲みの強要をやめ, 自分の限界以上のアルコール摂取を控えるなど, 日頃のお酒の席で充分に注意するべきである.

表4　急性アルコール中毒[9]

急性アルコール中毒を起こさぬには
・イッキ飲みをしない, させない 　一気飲みをすると脳の麻痺が一挙に進み, 昏睡状態に陥る ・お酒を飲めないタイプの人に強要しない

こんな時は救急車を
・いびきをかき, 強くつねっても反応がない ・倒れて, 口から泡を吹いている ・体温が下がって, 全身が冷たい ・呼吸が異常に早くて浅い ・呼吸がゆっくりで時々しか息をしない ・大量の血を吐いた

酔いつぶれた人の介護方法
・絶対に一人にしない ・衣服を緩めて楽にする ・体温の低下を防ぐ ・吐物による窒息を防ぐために横向きに寝かせる ・吐きそうになったら抱き起こさずに, 横向きの状態で吐かせる

酔いの四段階
ほろ酔い　　血中アルコール濃度 0.05-0.11 症状 　・おしゃべりになる 　・陽気にはしゃぐ 　・脈が早くなる 　・判断力が鈍る 危険性 　・水泳中の事故 　・飲酒運転の事故 **酩　酊**　　血中アルコール濃度 0.1-0.2 症状 　・足がふらつく 　・何度も同じことを言う 　・吐き気がする 　・記憶が途切れる 危険性 　・バランス感覚が麻痺して転落などの事故を起こす 　・喧嘩などのトラブルを起こす **泥　酔**　　血中アルコール濃度 0.2-0.3 症状 　・立てなくなる 　・言葉が支離滅裂 　・意識が朦朧 　・激しい嘔吐 危険性 　・嘔吐物が喉に詰まり窒息 　・電車や車にひかれる 　・眠り込んで凍死

昏 睡	血中アルコール濃度 0.3-0.4

症状
・ゆすっても呼んでも反応しない
危険性
・脳幹と脊髄が麻痺し，死の危険がある
・脳障害で植物人間になることもある
※ためらわずに救急車を！

(2) 喫煙

①喫煙と疾患

　喫煙はガン，脳卒中，心筋梗塞，肺気腫，胃潰瘍など様々な疾患の危険因子となる．近年の疫学調査により，喫煙は肺ガンをはじめとする多くの

ガンを引き起こすことが明らかになっている．またタバコの有害物質は肺から急速に血液中に移行し全身に広がっていくため，呼吸器疾患だけにとどまらず脳卒中，心筋梗塞，慢性気管支炎，歯周病，胃潰瘍，肌の老化までもが喫煙による影響を受ける喫煙関連疾患であることがわかっている（図5）．

②主流煙と副流煙

　タバコの煙には，喫煙者が直接吸い込む「主流煙」と，点火部から立ち上る「副流煙」がある．有害成分は低温の不完全燃焼時により多く発生するため，副流煙は主流煙よりも多量の有害物質を

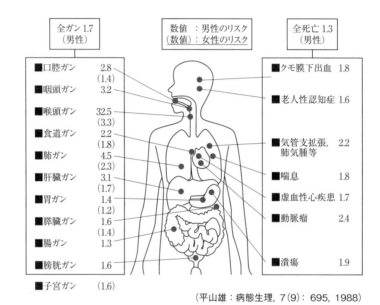

(平山雄：病態生理, 7(9)：695, 1988)

図5 非喫煙者を 1.0 としたときの喫煙者の死亡率[6)]

表5 主流煙と比べた副流煙中の有害物質[6)]

(医療従事者のための禁煙外来・禁煙教育サポートブック
（メディカ出版）P8, 13)

含むことが知られている（表5）．副流煙は主流煙より有害である．また，喫煙者が吸い込んだ後に吐き出す煙を「呼出煙」と呼び，副流煙と合わせて「環境タバコ煙（ETS：Environmental Tobacco Smoke）」という．

③喫煙による肺の変化

喫煙による肺の変化を写真1に示した．

(3)　睡眠（健康調査から）

愛知大学の1年生に対して，アンケート「健康調査」（54項目）を行った．

このなかで就寝時刻，自覚的な朝の目覚め度のデータを採用した．

「健康調査」の選択項目は，就寝時刻は21時前，21〜22時，22〜23時，23〜24時，24〜1時，1〜2時，2〜3時，3時以降とし，朝の目覚め度は爽快，少し眠い，大変眠いとした．

データ数は男性が2682人，女性は1516人であった．

図6，図7に就寝時刻と朝の目覚め度（3－爽快，2－少し眠い，1－大変眠い）の関係を示した．図の縦軸はそれぞれの就寝時刻の人の目覚め度の平均を示している．男女とも目覚め度は就寝時刻と負の高い相関が認められ，就寝時刻が早いほど朝の目覚め度が高いということが認められた．

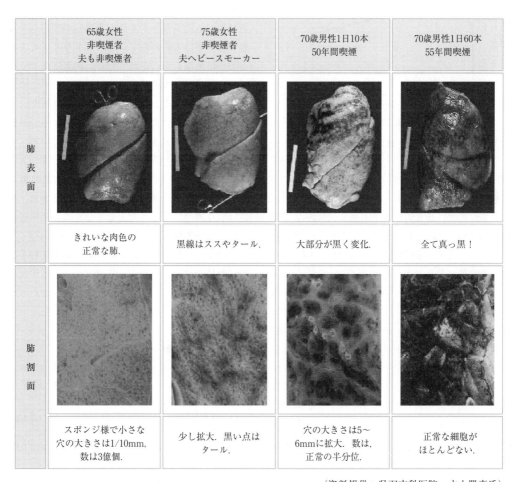

（資料提供：呉羽内科医院・水上陽真氏）

写真1　喫煙者におこる肺の変化[5]

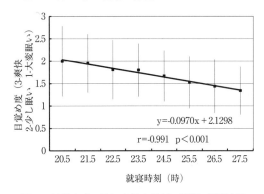

図6　目覚め度に及ぼす就寝時刻の影響（男性）[15]

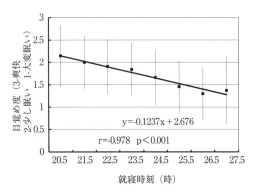

図7　目覚め度に及ぼす就寝時刻の影響（女性）[15]

(4)　危険ドラッグ
①危険ドラッグとは

　麻薬や覚せい剤と同様の多幸感や快楽感などを高める目的で使用される化学物質や植物などである．麻薬や覚せい剤と異なり，法律で所持や使用，譲渡等が禁止されていないため，"合法ドラッグ"とも呼ばれているが，現在では「法の規制の間をすり抜けた薬物」ということで，"危険ドラッグ"と呼んでいる．厳密には各種の法律に触れる場合もある．危険ドラッグには様々なものがあるが，近年，研究用化学試薬と称して販売されるフォキシーのようなケミカルドラッグ，亜硝酸エステル類を含んだ芳香剤やクリーナーと称して販売されるニトライトによる健康被害や事故例が増えている．また，海外ではダイエット等に使用されるエフェドラといわれるハーブ系の薬品の健康被害や事故例が増えている．

②危険ドラッグはなぜ危険か

　危険ドラッグは麻薬や覚せい剤などに到る"ゲートウェイドラッグ（入門薬）"と言われている．

危険ドラッグは麻薬や覚せい剤に類似した化学構造を持っており，麻薬や覚せい剤のような依存性や精神荒廃など脳に強いダメージを与える可能性がある．また，覚せい剤によって生じる精神錯乱，妄想や強迫観念から家族，友人や関わりのない人にまで危害を及ぼす可能性が高まる．このため，最近では覚せい剤などと同じように有害作用を有するマジックマッシュルームやBZPなどの危険ドラッグが麻薬に指定された．なお，平成17年度に入って2品目が新たに指定された．また2012年，厚生労働省は大麻に似た作用がある760種類について，新たに規制の対象とすることを決めた。

③危険ドラッグによる事件や事故

　2004年，東京都杉並区で発生した殺人事件は，数種類の危険ドラッグを飲んだ男性が理由もなく起こした事件といわれている．ニトライトによる事故例は毎年，報告されている．例えば，ニトライトの容器に日本語で使用法の説明がないため，誤って飲んでしまい，死亡した事故があった．ケミカルドラッグによる事故例では，フォキシーによる中毒事故が各地の病院で報告されている．

　2014年[4]，隣の部屋に住む37歳の女性をナイフで頭や顔を計11か所切りつけた31歳の男の犯行も危険ドラッグの作用によるものである．男性は取り調べに対し「しぇしぇしぇのしぇー」などと意味不明な奇声を発していたという．

　このように危険ドラッグは身体と精神をむしばむ可能性が高い．いかなる危険ドラッグも手にしたり，使用したりしてはいけない．それがたった1回であっても．それが極少量であっても．

＜引用・参考文献＞
1)　秋間　広：宇宙環境における筋萎縮のメカニズムとトレーニング，体育の科学，55(8)：591-597，2005
2)　デビッド・ランバード編「図説人類の進化」平凡社，1993
3)　波多野義郎・竹田憲司・山田俊二「健康体力づくりのスポーツ科学」同朋舎，1987
4)　https://matome.naver.jp/odai/214405637743869320 1　危険ドラッグ刺傷事件
5)　http://eiken.pref.kanagawa.jp/008_topics/files/topics_041020_00.htm　神奈川県衛生研究所　危

　　　険！脱法ドラッグ

6）　http://www.e-kinen.jp/harm/index.html
　　喫煙者における肺の変化：禁煙サポートで
　　「いい禁煙」

7）　http://www.mtnlakepark.com/kyusei.html
　　急性アルコール中毒の恐怖

8）　http://www.nms.co.jp/naika2/sake/sake.html
　　お酒と健康

9）　http://zatugaku.jp/alcohol.htm　急性アルコール
　　中毒

10）　飯尾雅嘉，小林修平編「栄養と運動と休養」
　　光生館，1999

11）　石河利寛，杉浦正輝編「運動生理学」建帛社，

1989

12）　木村　賛，二足で立ちあがったヒト，江原昭
　　善編　「サルはどこまで人間か─新しい人間学
　　の試み」小学館，1990

13）　Kraus, H. and Raab, W. : Hypokinetic Disease :
　　Disease produced by lack of exercise.
　　Charles C. Thomas Publishers. 1961

14）　宮村実晴，矢部京之助編「体力トレーニング」
　　新興交易医書出版部，1986

15）　滝沢宏人：就寝時刻・起床時刻・睡眠時間・
　　朝の目覚め度・朝食摂取頻度の男女比較．愛
　　知大学体育学論叢，19:17-24, 2012.

第2章

スポーツ・健康演習　～運動実践編～

1. バドミントン

1) 歴 史

　バドミントンは，英国で古くから伝わるバドルドーアンドシャトルコックと呼ばれる羽根突き遊びが進化してバドミントンになったという説が，現在では数ある起源説のなかで最も有力であるといわれている．1899年には，ルールが統一され第1回全英選手権が開催された．日本には，大正初期に伝えられたといわれており，1937年には横浜YMCAにクラブができ，その後，神戸や大阪のYMCAを通して普及したが，本格的な国内での普及・発展は戦後になってからである．

　競技の歴史としては，1934年に国際バドミントン連盟が組織された．オリンピックには1992年のバルセロナ大会から正式種目となり現在に至っている．国内では，1946年に日本バドミントン協会が設立され，1948年に第1回全日本選手権が東京で開催された．

2) 特 性

　バドミントンは，コート中央のネットをはさみ，ラケットで交互にシャトルを打ち合い得点を競うスポーツである．シャトルの特性による独特の飛行特性やスピードの変化によって，レクリエーションスポーツと競技スポーツの両面で様々なゲームを楽しむことができる．対戦の形式にはシングルスとダブルスがあるが，ダブルスにおいては男女混合ダブルスがある．

3) ルール
(1) 競技場

　バドミントンのコート（図1）は，ダブルスとシングルスで大きさが違う．ダブルスのコートは外側のラインで囲まれた6.1m×13.4mの大きさである．シングルスのコートは縦の長さは変らないが横幅が5.18mである．ネットを支えるポスト（支柱）の高さは1.55mでネット中央の高さが1.524mになるようにネットを張る．ラインの幅は4cmとして見分けやすい色で示す．

(2) 用具
①シャトル

　シャトルは，羽根の数が16枚で図2のような形状（大きさ・重さ）である．コートの端からアンダーハンドで打って，ネットを越して反対のバックバウンダリーライン手前の530〜990mmの間（オプショナルテスティングマークが示されて

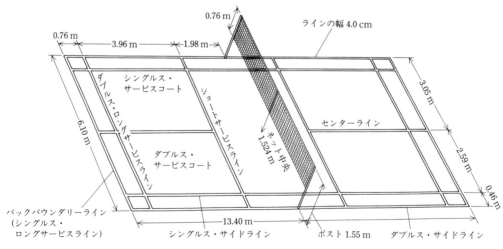

0.76 m

0.76 m　3.96 m　1.98 m

ラインの幅 4.0 cm

ダブルス・ロングサービスライン

シングルス・サービスコート

ショートサービスライン

ネット中央 1.524 m

センターライン

3.05 m

2.59 m

0.46 m

6.10 m

ダブルス・サービスコート

バックバウンダリーライン（シングルス・ロングサービスライン）

13.40 m

シングルス・サイドライン

ポスト 1.55 m

ダブルス・サイドライン

図1　バドミントンのコート

シャトル

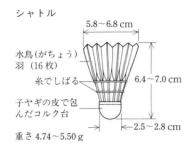

5.8～6.8 cm

水鳥 (がちょう)
羽 (16 枚)

糸でしばる

子ヤギの皮で包
んだコルク台

6.4～7.0 cm

2.5～2.8 cm

重さ 4.74～5.50 g

図2　シャトル

ラケット

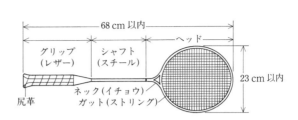

68 cm 以内

グリップ
(レザー)

シャフト
(スチール)

ヘッド

尻革

ネック (イチョウ)
ガット (ストリング)

23 cm 以内

図3　ラケット

いれば,その間)に落ちるものがプレーに使える
シャトルである.天然素材のものだけではなく,
最近は合成素材のシャトルもある.

②ラケット

　ラケットは図3に示すような規格のものを使
う.フレーム全体は 68 cm 以内で,ヘッドの縦の
長さは 33 cm 以内(ガットが張ってある部分の縦
の長さは 28 cm 以内),横幅は 23 cm 以内であ
る.

(3)　ゲームの進め方

①試合の開始

　対戦相手と握手した後,コイントスなどで最初
にサービスをするプレーヤーを決める.続いて主
審のコールにより試合を開始する.サービス側が
ラリーに勝つと1点を得る.逆にサービス側がラ
リーに負けると相手サイドの得点になり,サービ
ス権が相手サイドに移る.

②サービス

　ゲームの最初のサービスでは,右側のサービス
コートから対角線上の相手のサービスコートにシ
ャトルを打つ.ルールが一部変更になり,打つ時
はシャトル全体が必ずコート面から 1.15 m 以下
でなければならない.サービスのレシーバーは,
サービス側と反対側の対角線上のコート内に位置
しシャトルが床に落ちる前に打ち返す.

③勝敗の決定

　公式試合では全種目 21 点 3 ゲーム制で行う.
2 ゲーム先取で勝者となる.ラリーポイント制に
よりゲームを進める.つまり,サービス権の有無
にかかわらずポイントが加算される.20 対 20 に
なった場合,その後は 2 点リードした場合に勝者
になる.ただし,29 対 29 になった場合は,30

点目を得点した側が勝者となる.ゲームに勝った
側が次のゲームで最初にサービスをする.

④シングルスのスコアリング (図4)

　最初にサービスをする側が決定したら,コート
の右側から対角線上の相手にサービスをしてゲー
ムを始める.サーバーのスコアが 0 または偶数の
場合,右側からサービスをして相手は右側のコー
トに立ちレシーブする.また,サーバーのスコア
が奇数の場合は左側からサービスをする.サーバ
ー側が得点した時は続けて左右のコートを移動し
て反対側からサービスをする.

⑤ダブルスのスコアリング

　最初にサービスをする側が決まったら,その側
の右側のプレーヤーが対角線上の相手方のプレー
ヤーにサービスをしてゲームを始める.サービス
側が得点した場合は,同じプレーヤーが反対側
(左側)のコートからサービスを続ける.最初の
サービスの後,レシーバー側が得点した場合は,
左側のプレーヤーがサービスをする.サービスを
する位置は,自チーム(サービス権を得たチー
ム)の得点が偶数ならば右側のプレーヤーから,
奇数ならば左側のプレーヤーからサービスをす
る.プレーヤーの位置は,直前のラリーのサービ
スを受けた時の位置である.

(4)　主な反則

①タッチザネット

　プレーしている時に,プレーヤーのラケット,
身体,着衣がネットに触れる反則のこと.

②ホールディング

　シャトルをラケットに乗せて打った場合のよう
な明確でない打ち方による反則のこと.

〈シングルス進行の具体例〉

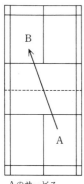
Aのサービス.
最初は右サービス・
コートから行う.

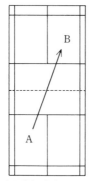
Aがポイントを取れば,
続けて左サービス・コー
トからサービスをする.

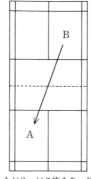
Aがサービス権を失いB
のサービス.
Bは左サービス・コート
からサービスをする.

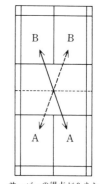
サーバーの得点が0また
は偶数のとき右サービス
・コートから, サーバー
の得点が奇数のとき左サ
ービス・コートから, サ
ービスをする.

図4　シングルスのサービスとレシーブの位置

フォルトの通称	内　容
ライン・クロス	サービスが打たれるまで, サーバーやレシーバーの両足が規定のサービスコート内にない とき（足がラインにふれているとサービスコートの外にあることになる）.
フット・フォルト	サーバーとレシーバーはそれぞれ定められたサービスコートの内に立たなければならない. これらの両足の一部はサービスが打たれるまで静止の状態でコート面についていなければ ならない.

フォルト　　セーフ　　セーフ　　セーフ

ボーク	いったんサービスが始まってから, 予備的な欺変をしたり, 相手を意識的に惑わしたとき.
デレイ・ザ・サーブ	どのプレイヤーでもサービスのとき, 不公平な優位さを得ようとして, シャトルをサーブ することをわざと遅らせたり, シャトルのレシーブをわざと遅らせたとき.
羽根打ち	シャトルの台以外の部分を打ったとき.

図5　サービス時のフォルト

③オーバーザネット
　ラケットや身体の一部が相手コートに入る反則
のこと.
④ドリブルタッチ
　同じプレーヤーが2回連続してシャトルを打つ
反則のこと.
⑤ダブルタッチ
　ダブルスでプレーヤーとパートナーが続けてシ
ャトルを打つ反則のこと.

⑥サービス時のフォルト
　サービス時のフォルトの内容は図5に示す通り
である. ライン・クロス, フット・フォルト, ボ
ーク, デレイ・ザ・サーブなどがある.

(5)　ゲームの運営と審判の役割
　公式試合では, 主審1名, サービスジャッジ1
名, 線審4名により試合を行うが, 状況に応じて
サービスジャッジや線審の数を変更することがで
きる. 主審は試合全体の責任者となる. サービス

ジャッジは主審と反対側の位置でサービスによる
フォルトを判定する．サービスでフォルトがあっ
た時には直ちに大きな声で「フォルト」とコール
する．線審は判定するラインを分担し，シャトル
の落下地点についてインかアウトかを責任を持っ
て判定する．

4）　基本技術
（1）　グリップ（図6）
①バックハンドグリップ
　ラケットの面と同じ向きに親指を立てて握るグ
リップである．シャトルを打つ際に，その親指で
ラケットを押すようにして打つ．返球の際に打ち
やすい握り方である．
②フォアハンドグリップ（イースタングリップ）
　握手または包丁を握るときの握り方でラケット
を持つグリップである．よく使われるグリップ
で，色々なショットに対応することができ，力強
いストロークができる．

〈バックハンド・グリップ〉

手の甲が真上を向く
上から見たバックハンド・グリップ

サム・アップ
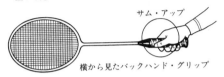
横から見たバックハンド・グリップ

〈フォアハンド・グリップ〉
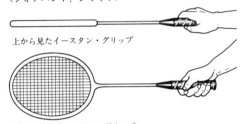
上から見たイースタン・グリップ

横から見たイースタン・グリップ

図6　グリップ

図7　ハイ・クリア

（2）　ストローク
①オーバーヘッドストローク
　オーバーヘッドストロークは，高い位置にある
シャトルをできるだけ高い位置で打ち返す技術で
ある．ハイ・クリアの基本動作は図7に示す通り
で，相手コートの奥深くにシャトルを打ち，相手
の攻撃を遅らせるのに有効な技術である．スマッ
シュ（図8）は，高い打点で角度をつけて素早く

ラケットを振って打つ技術である．ハイ・クリア
とスマッシュでは，シャトルを打つインパクトの
瞬間のラケットの面の向きが違い，ハイ・クリア
はラケットの面がやや上向きになるのに対し，ス
マッシュでは角度をつけるため下向きになってい
なければならない．
②サイドアームストローク
　サイドアームストロークの基本動作は図9に示

図8 スマッシュ

図9 サイドアームストローク

図10 アンダーハンドストローク

図11 ロングハイサービス

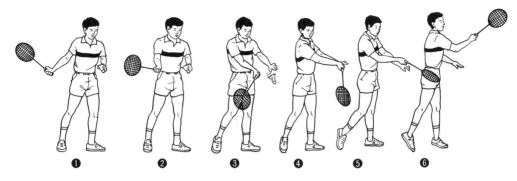

図12　ショートサービス

す通りであり，身体の左右に打たれたシャトルを
ラケットを水平に振って打つ（横手打ちする）技
術である．

③アンダーハンドストローク

アンダーハンドストロークの基本動作は図10
に示す通りであり，サービスなどで低い位置に打
たれたシャトルをすくい上げるようにして打つ技
術である．

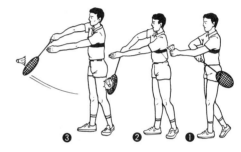

図13　バックハンドサービス

(3)　サービス

①ロングハイサービス

アンダーハンドで高く打ち上げ相手コートの最
後部に入るように打つ技術である（図11）．相手
の攻撃を遅らすことができ，特にシングルスのサー
ビスで有効な技術である．

②ショートサービス

アンダーハンドでシャトルを強く打たないよう
に，手首を使わず前に軽く押し出すようにして打
つ技術である（図12）．ネット上部のすぐ近くを
通りサービスの有効範囲内の左右のコーナーに落
ちるように狙うと有効である．ダブルスでよく使
われる技術である．

③バックハンドサービス

バックハンドで構え，前に押し出すようにして
打つ技術である（図13）．

5）　用　　語

ドロップ　相手コート前方にシャトルの球速を
減速させて落とす打球のこと．

ドライブ　シャトルのラリーが床面と平行にな
る状態でスピードをつけて打つ打球のこと．

プッシュ　バックスイングをしないで押すよう
に打つ打球のこと．

ヘアピン　ネット際に落とされた打球をネット
に沿うようにして返球する打球のこと．

フォーメーション　ダブルスのゲームで2人が
位置する攻防の型のこと．2人が横に位置するサ
イドバイサイド（守備型のフォーメーション）や
2人が前後（縦）に位置するトップアンドバック
（攻撃型のフォーメーション）の他，2人が対角
線上に位置するダイアゴナルなどがある．

チェンジエンズ　第1ゲームおよび第2ゲーム
が終了したときにエンド（プレーするコートの
側）を交替すること．第3ゲームでは，一方の側
の得点が11点になった時にエンドを交替する．

6)　授業展開例〔運動実践 10 回〕

第 1 回　バドミントンの歴史と運動特性の理解

第 2 回　基本技術 1：サービスの練習とハーフコートゲーム

第 3 回　基本技術 2：クリアの練習とハーフコートゲーム

第 4 回　ダブルスのスコアリングの理解とフォーメーション

第 5 回　基本技術 3：スマッシュの練習とダブルスのゲーム

第 6 回　基本技術 4：ドロップ・ヘアピンの練習とダブルスのゲーム

第 7 回　対戦方法の理解 1：トーナメント戦

第 8 回　対戦方法の理解 2：コンソレーションマッチと敗者復活戦方式

第 9 回　対戦方法の理解 3：総当たり戦

第 10 回　サービス・クリア・ドロップなどの技能の評価

＜引用・参考文献＞

1)　松野修二（監修）「バドミントンパーフェクトマスター」新星出版社，2007.

2)　大修館書店編集部（編集）「最新スポーツルール百科 2012」大修館書店，2012.

3)　一橋出版保健体育編集部（編集）「Do Sports Series バドミントン」一橋出版，1998.

2. フィットネス

1) フィットネスとは？

英語の"fitness"には「適合」のほかに良好な体調【健康状態】の意味がある．また，英語の"physical fitness"は「体力」と訳され，ほかには運動と栄養による積極的健康法の意味で使われている．

一般的にフィットネスは，自分自身の体力に適合した健康維持や体力向上のためのトレーニングである．健康に関連する体力には，身体組成（体脂肪率），心肺機能，筋力・筋持久力，柔軟性をいうが，「フィットネス」の目的は，これらの体力要素を高めることである．

過剰なエネルギー摂取や栄養摂取状態が続き，運動不足による身体活動量の少ない生活を継続すれば，高血圧，動脈硬化，肥満，糖尿病などの危険因子を増大させ，癌，虚血性心疾患，脳血管障害などの生活習慣病を引き起こしやすくなるが，栄養摂取量の改善と定期的な適度な運動によってこれらを予防することができる．

2) フィットネスによる改善効果

定期的な持久性トレーニング（すなわち有酸素運動）は，心肺機能の改善，冠動脈性心疾患の減少，糖尿病や癌の発症を予防する効果がある．また，不安感や抑うつ感を軽減する精神面での効果も指摘されている．さらに，健康の維持・増進のためには，有酸素運動による心肺機能と身体組成（体脂肪率）の改善が重要なポイントである．

筋力トレーニングによる筋力・筋持久力の維持・増加はQOL（生活の質）の維持や向上につながり，生活上の活動力の源である筋力や筋持久力へ有効な効果をもたらす．高齢者を例にすれば，膝痛予防や転倒事故防止のために下肢の筋力トレーニングが有効とされている．また，若年者でも体幹の筋力をつけて腰痛を防止することができる．

柔軟性トレーニングでは，静的なストレッチングにより，関節の可動域を広げ，柔軟性を高めて

障害防止に役立つ．また，背部や大腿後部の柔軟性を高めることにより腰痛予防の効果がある．このようにフィットネスによる自分自身の体力に適合した適度な運動により，健康維持や体力向上に改善効果が得られる．

3) 授業展開例〔運動実践10回〕

さまざまなトレーニングマシンの正しい使い方を覚え，自分自身で自分に合った有酸素トレーニングと筋力トレーニング，柔軟性トレーニングができるようになることを目標としている．

第1回 ストレッチングとノーチラスマシンの使用方法

図1に示すような筋力トレーニング前に実施する静的なストレッチングを実施する．柔軟性を高めるための静的なストレッチングのトレーニング条件は，強度は筋に心地よい痛みが生ずるように徐々に関節を伸展する．時間は，1種目について20〜30秒間，頻度は毎回のウォーミングアップ時とクールダウン時に実施する．

次にノーチラスマシン6台（マルチ・バイセプス，マルチ・トライセプス，ラテラルレイズ，スーパー・プルオーバー，アーム・クロス，アブドミナル）についての使用方法を説明する（各々のマシンとその説明は第4章「マシントレーニング」を参照のこと）．

次に各々の6台のマシンの各自の適切な負荷強度をみつける．繰り返し回数が10回しかできない負荷強度が10RM（Repetition Maximal）である（1RMは最大挙上重量）．この10RMの強度は，ほぼ最大筋力の65%に相当し，初期段階において筋力向上のためには，効率的に筋力を向上するために適切な負荷強度である．繰り返し回数が20回の20RMは，ほぼ最大筋力の30%に相当し，筋持久力を向上させるために適切な負荷強度となる．負荷強度のみつけ方は，マシンのおもりをプレートで適度な重さに設定して実施してみて最大何回繰り返せるのかを記録する．その結果

①首のPNF ②首の回旋 ③体側2 ④体側3 ⑤首1 ⑥腰背部1 ⑦上背部2 ⑧大腿部前面2 ⑨大腿部後面2 ⑩肩1 ⑪手首1 ⑫手首2

図1　静的ストレッチング[1]

20回だったならば，あと1プレートおもりを増やせば10 RMであり，また，5回程度しかできなかったならば，1プレートおもりを減らせば10 RMに相当する．次にそのみつけた重さで実際に試してみて10 RMであることを確認する．

最後に最初に実施した静的ストレッチングをクーリングダウンとして実施する．

第2回　エアロバイクによる体力テストとノーチラスマシンの使用方法

触診にて安静時心拍数を測定し，記録する．次にエアロバイクによる体力テスト（安静状態の心拍数が90拍／分以下となるように安静にすること．20歳以下の人は，年齢を20歳として入力すること．運動中はペダリングリズムは50回転／

分を守ること.）を実施する．結果としてパネルに出力された，評価値，一般トレーニング値，減量トレーニング値，最大酸素摂取量（$\dot{V}O_2max$）をそれぞれ記録する．

記録したデータを用いて，最大酸素摂取量は，絶対値（l／分の単位）であるため，それを1,000倍して自分の体重で除すことにより，相対値（ml／kg／分の単位）に変換して，表1から評価をする．

次に以下の式（カルボーネン法）から50% $\dot{V}O_2max$（最大酸素摂取量の50%レベル）70% $\dot{V}O_2max$（最大酸素摂取量の70%レベル）の目標心拍数を求める．その際に，推定最高心拍数は220−年齢により求める．

表 1　最大酸素摂取量の判定基準[2)]

〈男子〉

年　齢	低　い	やや低い	平　均	やや高い	高　い
20〜29	〜40.6	40.7〜45.3	45.4〜51.4	51.5〜56.1	56.2〜
30〜39	〜34.5	34.6〜40.0	40.1〜47.1	47.2〜52.6	42.7〜
40〜49	〜29.4	29.5〜34.9	35.0〜42.0	42.1〜47.5	47.6〜
50〜59	〜24.2	24.3〜29.7	29.8〜36.8	36.9〜42.3	42.4〜
60〜69	〜18.4	18.5〜23.9	24.0〜31.0	31.1〜36.5	36.6〜

〈女子〉

年　齢	低　い	やや低い	平　均	やや高い	高　い
20〜29	〜27.4	27.5〜31.9	32.0〜37.8	37.9〜42.3	42.4〜
30〜39	〜22.2	22.3〜26.9	27.0〜33.0	33.1〜37.7	37.8〜
40〜49	〜18.0	18.1〜22.7	22.8〜28.8	28.9〜33.5	33.6〜
50〜59	〜14.9	15.0〜19.6	19.7〜25.7	25.8〜30.4	30.5〜
60〜69	〜12.2	12.3〜16.9	17.0〜23.0	23.1〜27.7	27.8〜

目標心拍数＝（最高心拍数－安静時心拍数）
×運動負荷心拍数＋安静時心拍数

　　ただし，運動負荷心拍数には50%
$\dot{V}O_2max$ の場合は 0.5 を 70% $\dot{V}O_2max$
の場合は 0.7 を入れてそれぞれ計算する．

　次にノーチラスマシン 6 台（ロータリー・トーソー，ローワー・バック，デュオ・スクワット，レッグカール，レッグエクステンション，ヒップ・アブダクションとヒップアダクション）についての使用方法を説明する（各々のマシンとその説明は第 4 章「マシントレーニング」を参照のこと）．前週と同じことを実施し，最後にストレッチングを実施する．

第 3 回　エアロバイクによる減量トレーニングとノーチラスマシン

　エアロバイクの減量トレーニング値（W：単位ワット）を用いて 30 分間の減量トレーニングを実施する．このエアロバイクによる有酸素運動は減量（体脂肪を減らす）のための適切なトレーニング強度（20 歳男の場合 130±5 拍，20 歳女の場合 125±5 拍程度）が自動的に設定される（詳細は第 4 章「マシントレーニング」(2) 有酸素運動マシンを参照のこと）．運動終了後に 30 分間で消費したカロリーを記録する．

　記録後，各々のストレッチングを実施した後，全てのノーチラスマシンによる筋力トレーニングを 10 RM で 1 セット実施する．各々について負

荷強度（ポンド）と実施回数を記録する（50 ポンドで 10 回実施した場合は，50/10 と記録）．最後にストレッチングを実施する．

第 4 回　エアロバイクによる一般トレーニングとノーチラスマシン

　エアロバイクの一般トレーニング値（W：単位ワット）を用いて 30 分間の一般トレーニングを実施する．このエアロバイクによる有酸素運動は全身持久力の向上のための適切なトレーニング強度（20 歳男の場合 145±5 拍，20 歳女の場合 140±5 拍程度）が自動的に設定される（詳細は第 4 章「マシントレーニング」(2) 有酸素運動マシンを参照のこと）．運動終了後に 30 分間で消費したカロリーを記録する．

　記録後，各々のストレッチングを実施した後，全てのノーチラスマシンによる筋力トレーニングを 10 RM で 1 セット実施する．各々について負荷強度（ポンド）と実施回数を記録する．最後にストレッチングを実施する．

第 5 回　ローイングマシンの使用方法とノーチラスマシン

　心拍計とその装着方法を説明し，装着後に個人設定を実施し，運動中の心拍数を確認し，トレーニングに適切に利用し，運動中の記録を取って最後に記録する．

　ローイングマシン（使用方法の詳細は第 4 章「マシントレーニング」(2) 有酸素運動マシンを参照のこと）を利用した有酸素運動を実施する．

同じペースで運動を行い，3分間実施後に自分の心拍数を確認する．自分の目標心拍数（減量を目的とするならば50% $\dot{V}O_2max$ の目標心拍数，全身持久力向上を目的とするならば70% $\dot{V}O_2max$ の目標心拍数）となっていれば，そのペースを持続する．また，心拍数が目標心拍数よりも高ければ，ペースダウンし，目標心拍数よりも低い場合は，ペースアップし，次の3分後に確認する．30分間持続し，消費カロリーを記録する．

記録後，各々のストレッチングを実施した後，全てのノーチラスマシンによる筋力トレーニングを10RMで1セット実施する．各々について負荷強度（ポンド）と実施回数を記録する．最後にストレッチングを実施する．

第6回　ランニングマシンの使用方法とノーチラスマシン

心拍計を装着し，個人設定を実施し，運動中の心拍数を確認し，トレーニングに適切に利用し，運動中の記録を取って最後に記録する．

ランニングマシン（使用方法の詳細は第4章「マシントレーニング」(2) 有酸素運動マシンを参照のこと）を利用した有酸素運動を実施する．同じペースで運動を行い，3分間実施後に自分の心拍数を確認する．自分の目標心拍数（減量を目的とするならば50% $\dot{V}O_2max$ の目標心拍数，全身持久力向上を目的とするならば70% $\dot{V}O_2max$ の目標心拍数）となっていれば，そのペースを持続する．また，心拍数が目標心拍数よりも高ければ，ペースダウンし，目標心拍数よりも低い場合は，ペースアップし，次の3分後に確認する．30分間持続し，消費カロリーを記録する．

記録後，各々のストレッチングを実施した後，全てのノーチラスマシンによる筋力トレーニングを10RMで1セット実施する．各々について負荷強度（ポンド）と実施回数を記録する．最後にストレッチングを実施する．心拍計の記録と総カロリー数を記録する．

第7回　ステアクライマーの使用方法とノーチラスマシン

心拍計を装着し，個人設定を実施し，運動中の心拍数を確認し，トレーニングに適切に利用し，運動中の記録を取って最後に記録する．

ステアマライマー（使用方法の詳細は第4章「マシントレーニング」(2) 有酸素運動マシンを参照のこと）を利用した有酸素運動を実施する．同じペースで運動を行い，10分間実施後に自分の心拍数を確認する．10分間持続し，消費カロリーを記録する．

他の有酸素運動のマシンを利用して30分間実施し，消費カロリーを記録する．

記録後，各々のストレッチングを実施した後，全てのノーチラスマシンによる筋力トレーニングを10RMで1セット実施する．各々について負荷強度（ポンド）と実施回数を記録する．最後にストレッチングを実施する．心拍計の記録と総カロリー数を記録する．

第8回　フリートレーニング

心拍計を装着し，個人設定を実施し，運動中の心拍数を確認し，トレーニングに適切に利用し，運動中の記録を取って最後に記録する．各自で好ましい有酸素運動のマシンを利用して40分間の有酸素運動を実施し，各々のマシンで消費したカロリーを記録する．同時に各々のストレッチングを実施した後，全てのノーチラスマシンによる筋力トレーニングを10RMで1セット実施する．各々について負荷強度（ポンド）と実施回数を記録する．最後にストレッチングを実施する．

第9回　エアロバイクによる体力テストとノーチラスマシン

次にエアロバイクによる体力テスト（安静状態の心拍数が90拍／分以下となるように安静にすること．20歳以下の人は，年齢を20歳として入力すること．運動中はペダリングリズムは50回転／分を守ること．）を実施する．結果としてパネルに出力された，評価値，一般トレーニング値，減量トレーニング値，最大酸素摂取量（$\dot{V}O_2max$）をそれぞれ記録する．

記録したデータを用いて，最大酸素摂取量は，絶対値（l／分の単位）であるため，それを1,000倍して自分の体重で除すことにより，相対値（ml／kg／分の単位）に変換して，表1から評価をする．

各々のストレッチングを実施した後，全てのノーチラスマシンによる10RMで最大繰り返し回数に挑戦する．各々について負荷強度（ポンド）と実施回数を記録する．最後にストレッチングを

実施する.

第 10 回　終了レポート作成・授業評価

　すべての授業を通して，授業への取り組みとその成果についてレポートをまとめて提出する．また，授業評価を実施する．

<引用・参考文献>

1)　魚住廣信「イラストでわかるストレッチング」高橋書店，1993.
2)　池上晴夫「運動処方の実際」大修館書店，1987.

3. 卓 球

1) 歴 史

1881年イギリスのジェームズ・ギップスが初めてセルロイド球を使ってから始まった．その後，1926年にドイツのレーマンにより，国際卓球連盟が創設され，翌年第一回世界卓球選手権大会が開催された．

わが国では1902（明治35）年に坪井玄道がイギリスから帰国し紹介したのが始まりである。戦時中は一時衰えたものの，戦後は再び盛んになり，1952（昭和27）年ボンベイでの世界選手権大会に参加し，4種目優勝し「卓球日本」が一躍クローズアップされた．しかし，最近では前陣速攻の中国を中心とした技術に押され気味である．

2) 競技の特徴

プラスチック製のボールを卓球台の上でラケットを使用してテーブル中央のネットを越して相手コートに打ち合う．自分側のコート内に打たれた相手からのボールを，自分側のコートでワンバウンド後に打ち返すことにより相手側の失敗や反則により得点となる．

3) 競技場と用具

コートはサイド・ライン274cm，エンド・ライン152.5cmからなる長方形で，上面は均一の暗色，無光沢，高さは床から76cmである．コートの周縁には幅2cm，中央には幅0.3cmの白線をそれぞれ引く（図1）．暗い緑色のネットをテーブルの中央にエンド・ラインと平行に張る．

ボールはセルロイドまたはセルロイドと性質が似ているプラスチック製で白色またはオレンジの無光沢で，直径4.0cm，重さ2.7gのJTTAAおよび三ツ星のマーク入りのものを使用する．ラケットは大きさ，形，重さに制限はないが，本体は平担で硬く，木製でなければならない．また，ラケットの打球面は厚さ2mmを超えない一枚（ツブ）・ラバーか，上部ラバー2mm以下で厚さ4mm以下のサンドイッチ・ラバーで覆われていなければならない．表と裏に貼る場合は異色にしなければならない．JTTAAの公認マークがないものは試合で使用できない．

4) 主なルール
(1) 正規のサービス

① ボールはフリーハンド（ラケットを持っていない手のこと）を静止させて平らに開き，手のひらの中央にボールを置いてトスする．

② トスは回転を与えずに垂直上方に16cm以上投げ上げ，ボールが頂点から落下する時点で打球する．

③ ボールは投げ上げられてから打球するまで，何ものにも触れてはならない．

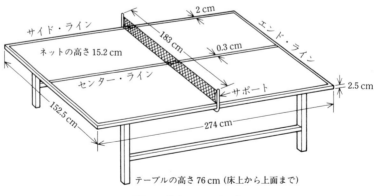

図1　卓球のテーブル[1)]

④　サービスの開始からボールが打たれるまでの間，体の一部（フリーハンド：ボールを投げた手）または着用している物でボールをレシーバーから隠してはならない．さらに，ボールが手のひらから離れたら，すぐにフリーハンドと腕を，サーバーの体とネットとの間の空間の外に出さなければならない．

⑤　ボールは最初に自分のコートに触れ，次いでネットを直接越え，またはサポートの外を迂回して相手のコートに触れるように打たなければならない（ダブルスでは自分のライト・ハーフコートに触れ，次いで相手のライト・ハーフコートに触れなければならない）．

⑥　ボールが打たれるまではフリーハンドおよびラケットはコートよりも高い位置になければならない．

⑦　サービスは，審判が見えるように行う．

⑧　ボールがラケットに当たる瞬間のボールの位置は，自分のコートのエンドラインの後方で，身体の前方または横からでなければならないが，エンドラインの後方であれば，サイドラインの外でもよい．

⑨　次の場合はサーバーの失策となる．

　a)　ボールを打ちそこなってそのボールがインプレイの状態でなくなったとき．

　b)　正規のサービス以外のサービスを行ったとき．

　c)　ボールがネットまたはサポートに触れて相手のコートに入ったとき（ノーカウントとなり，再度やり直す）．

⑩　ゲーム中のサービスは，2ポイントごとに交代する．

(2)　正規のリターン（返球）

①　ボールはネットを直接越えるか，サポートの外側を迂回して相手コートに触れるように打たなければならない．

②　打ち返したボールがネットまたはサポートに触れても相手のコートに入ったならば有効である．

③　ボールを打ち返すときにラケットが手から離れても打った後ならば有効である．ただし，そのラケットがプレイ中にネットやサポートに触

れたときは相手側の得点となる．

(3)　プレイの順序

①　シングルスでは，サーバーが最初にサービスを行い，レシーバーがリターンを行い，その後は交互にリターンを行う．

②　ダブルスでは，サーバーが最初にサービスを行い，レシーバーがリターンを行う．次にサーバーのパートナーがリターンを行い，次にレシーバーのパートナーがリターンを行う．その後はこの順序で交互にリターンを行う．

(4)　レット

レットとは主審がカウントをコールせずに得点に記録しないことであり，次の場合がある．

①　サービスのボールがネットまたはサポートに触れて相手コートに入ったとき．

②　ネットまたはサポートに触れたサービスのボールを相手レシーバーまたは相手パートナーがボレーしたとき．

③　相手レシーバーがまだ用意していないときにサービスを出したとき．

④　サービス，レシーブの順序を正すために中断されたとき．

⑤　主審の得点等のコールが終わらないうちにサービスが出されたとき．

⑥　プレイ中，他のボールが競技領域内に入ってきたとき．

⑦　レシーブ側のコートにワンバウンドする前にオブストラクトになった場合．

(5)　得点

次の場合は失策となり，相手にポイントが与えられる．

①　正規のサービスができなかったとき．

②　正規のリターンができなかったとき．

③　ボールをボレー（ノーバウンドで打つこと）したとき．

④　ボールを続けて2回打ったとき．

⑤　自分のコートでボールが続けて2回バウンドしたとき．

⑥　プレイ中にコートを動かしたとき．

⑦　プレイ中にフリーハンドがコートに触れたと

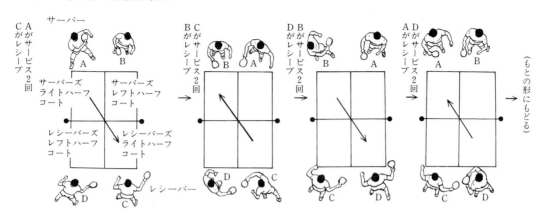

図2　サービスとレシーブの順序（ダブルスの場合)[2]

き.

⑧　プレイ中に着衣または所持品がネットまたはサポートに触れたとき.

⑨　サービスのときにサーバーやそのパートナーが足を踏みならしたとき.

⑩　ダブルスのとき正しい順序でボールを打たなかったとき.

⑪　促進ルールで, レシーバーに13回の正規リターンをされた場合.

(6)　ゲームとマッチ

　1ゲームの勝敗は11点を先取したほうが勝者となる. 両者の得点が10点となったときは, その後2点連続先取したほうが勝者となる.

　1マッチは3ゲームまたは5ゲームで行い, 3ゲームのマッチでは2ゲームを, 5ゲームのマッチでは3ゲームを先取したほうが勝者となる.

(7)　サービスとレシーブおよびエンドの順序
①1ゲーム中のサービスの交代
a)　双方の得点の合計が2点になったときおよび以後2点増すごと.

b)　お互いの得点が10対10になったとき, および以後1点増すごと.

c)　エンド（コート）の交代
　エンドは1ゲームごとに交代する.

(8)　促進ルール

①　ゲームが10分経過しても終了しない場合に適用する.

②　サービスを1本交代にする.

③　レシーバー側が, 13回正しいリターンができれば, レシーバー側の得点となる.

④　促進ルールが適用された場合, 残りのゲームもすべて適用する.

5)　基本技術
(1)　グリップ

　ペンホルダーの場合に両ハンドとも平均してできるグリップは, 表面の親指をそれほど深くかけ

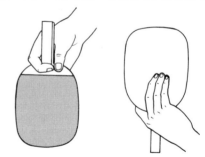

図3　ペンホルダーのグリップ[3]

図4　シェークハンドのグリップ[4]

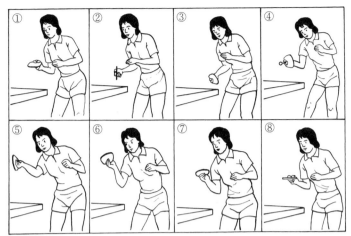

図5　ショート[3]

図6　ツッツキ
　　　（ショート・カット）[3]

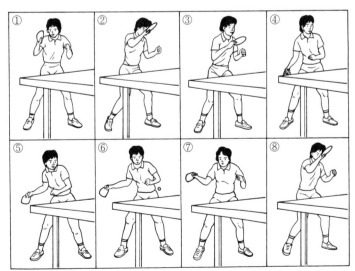

図7　フォアハンド・ロング[3]

ないで，人差し指の腹で握り，裏面は自然に曲げるのがよい（図3）.

シェークハンドグリップは，手の平と中指，薬指，小指でグリップを握る．また，親指と人さし指でブレードを挟む（図4）.

（2）ショート

ラケットの面をやや下向きにして，相手ボール

の球質，スピードによりラケットの角度を調節して，バウンドの上がりはなをパチンとはじくように打球する（図5）.

（3）ツッツキ（ショート・カット）

ラケット面をやや上向きにして，ボールの斜め底をこすり抜く感じで打球する（図6）.

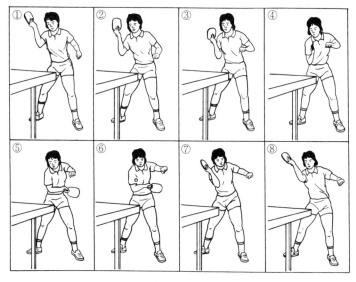

図8　バックハンド・ロング[3)]

図9　フォアハンド・カット[3)]

図 10　バックハンド・カット[3]

＜低いボールのスマッシュ＞

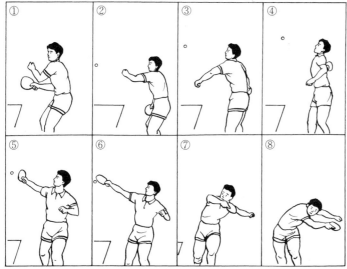

＜高いボールのスマッシュ＞

図 11　スマッシュ[3]

(4) フォアハンド・ロング

　自分の利き腕側でラケットを大きく振ってボールを打つ打ち方. 打とうとするボールに対して, ラケットの角度をややかぶせ気味にして, スウィングは45度の方向に振り切る（図7）.

(5) バックハンド・ロング

　自分の利き腕と反対側で打つロング打法. 右足を前にして, 体を少し左へひねってバックスウィングをし, ラケットの角度はやや下向きにして肩を支点にして45度の方向へ振り切る（図8）.

(6) フォアハンド・カット

　利き腕側でバックスピンをかける打ち方. 左足を前に出してバックスウィングし, 右膝の上方空間でボールにインパクトし, 45度下方へ振り切る. バックスピンのボールを切り返す場合には, ラケット面を上向きに修正して水平に近いスウィングをする（図9）.

(7) バックハンド・カット

　利き腕と反対側でカットする打法. 右足前でバックスウィングと同時に体重を左足にかけて, ラケットを肩の高さぐらいまで引き上げて, 両足の中間あたりで打球し, 前方に振り切る（図10）.

(8) スマッシュ

　全力で相手コートめがけて打ち込む打法. やや大きめのバックスウィングとともに素早く打とうとする所（打球点）までラケットを引き上げて, ボールに回転をできるだけかけないようにして直球を打つつもりで叩きつける（図11）.

6) 用　語

インパクト　ボールがラケットに当たる瞬間.

裏ソフト・ラバー　ラケットの打球面にスポンジを土台にしてイボ・ラバーの裏を表面にして貼り合わせたもの.

エッジ　コートの縁の部分.

エンド　ネットで分けられた二つのコートのそれぞれのこと.

表ソフト・ラバー　ラケットの打球面をイボ・ラバーの下にスポンジを貼り合わせて作ったも

の.

カット　後退回転のかかったボールのこと.

グリップ　ラケットの握り方. または握りの部分.

クロス　コート上を対角線に打球すること.

サイド・スピン　横回転がかかったボールのこと.

サポート・イン　ネットを支える支柱に触れて相手コートに入った打球のこと.

3球目攻撃　サービスを出したほうが, 相手からレシーブされた打球を第3球目にスマッシュする戦法をいう.

シェーク・ハンド・グリップ　握手するような形でラケットを握ること.

ショート　ボールのバウンドが頂点に達する前に返球する打法.

スピン　ボールの回転のこと.

スマッシュ　決定打のこと. バウンドの頂点をとらえて全力で打ち込む.

前陣攻撃　エンド・ラインから攻撃することで, ショートとスマッシュが主として使われる.

チョップ　ボールの飛ぶ方向に対して逆回転を与えた打ち方.

ツッツキ　台上または台のそばにおける短いスウィングでのカット打法のこと.

トップ・スピン　ボールの前進回転のこと.

ドライブ　ラケットでボールをこするように打ち当てて, 前進回転をかけた打球法のこと.

ナックル・ボール　無回転のボールのこと.

バック・クロス　バック・サイドの打球をバックハンドで相手のバック・サイドに打ち返すこと.

バックスピン　ボールに与えられた逆回転（後退回転）のこと.

フリー・ハンド　ラケットを持たないほうの手.

ペン・ホルダー・グリップ　ペンを握るようにラケットのグリップを持つこと.

ボレー　自分のコートに飛んできたボールをバウンドしないうちに打つこと. 失点となる.

マッチ・ポイント　試合の勝敗を決定する最後の1点をいう.

ラブ・オール　　0対0のことで，試合を開始する際に発する審判員の宣告.

ラリー　　打球の応酬のこと.

リターン　　返球すること.

ループ・ドライブ　　ボールのスピンを殺し，ラケットでこするような感じで前進回転をかけて，相手コートに入り強く伸びるような打球のこと.

ロング　　コートから離れて大きくはずむようにボールを打つ打法.

7）授業展開例〔運動実践10回〕

本授業のねらいは「みんながうまくなり，卓球のゲームが楽しくできるようになること.」である．そのためには，①卓球の基本技術を獲得すること．②卓球の基本技術を科学的に理解してトレーニング方法を学習すること．③ゲーム方法と審判法を身に付けることである.

具体的な課題としては，フォアとバックのロング打法の基本的技術についての「動き」を理解し，その技術を習得する．そのためには，いつも同じパートナーと協働でうまくなるために考動すること．また，ラリーの回数を多く（目標30回以上）続けることである.

最終的にダブルスゲームのルールとその方法及び審判法を理解し，誰もがゲームの運営と審判ができるようになることと，卓球が上手くなり，パフォーマンスが向上するために必要なトレーニング方法[5),6)]を理解することである.

＜授業予定表＞

第1回　オリエンテーション（グルーピング，役割分担，パートナー等），アップ＆ダウン方法

本授業の進め方について紹介し，ウォーミングアップとクーリングダウン方法について学習する.

第2回　フォアハンドロング（柔軟性トレーニング）

フォアハンドロングをマスターし，ウォーミングアップとクールダウン時に実施するべき静的ストレッチングを学習する.

第3回　フォアハンドラリー（アイソメトリック筋力トレーニング）

フォアハンドラリーに挑戦し，アイソメトリック（等尺性）筋力トレーニング方法を学習する.

第4回　バックハンドロング（アイソトーニック筋力トレーニング）

バックハンドロングをマスターし，アイソトーニック（等張力性）トレーニング方法を学習する.

第5回　ショートとスマッシュ（卓球特有のトレーニング）

ショートとスマッシュをマスターし，卓球のパフォーマンスの向上を図るための特有のトレーニングを学習する.

第6回　サーブとレシーブ（敏捷性・平衡性のトレーニング）

サーブとレシーブをマスターし，敏捷性と平衡性のトレーニング方法を学習する.

第7回　グループ対抗戦（巧緻性トレーニング）

グループ対抗戦を実施し，巧緻性トレーニングの方法を学習する.

第8回　グループ対抗戦（健康有酸素トレーニング）

グループ対抗戦を実施し，健康のための有酸素トレーニング方法を学習する.

第9回　グループ対抗戦（卓球のコンディショントレーニング）

グループ対抗戦を実施し，卓球のためのコンディショントレーニング方法を学習する.

第10回　終了レポート作成・授業評価

＜引用・参考文献＞

1）浅見俊雄編「現代体育・スポーツ大系第27巻テニス・卓球・バドミントン」講談社，1984

2）大修館書店編集部編「イラストによる最新スポーツルール百科」大修館書店，2005

3）伊藤繁雄「ジュニア入門シリーズ3卓球」ベースボールマガジン社，1984

4）松下浩二「最強の卓球レッスン」ベースボールマガジン社，2002

5）財団法人日本卓球協会編「卓球コーチ教本」大修館書店，1995

6）偉関晴光「世界最強中国卓球の秘密」卓球王国，2011

4. 中国健身法（中国伝統養生法）

1) 歴　　史
（1）　導引術

　"健康"……，遠く古来より人類が探求し続けているひとつの課題といえる．現代に至り，健康に関しては科学的に分析，研究されさらなる発展を遂げているが，その方法もますます多様化されている．生まれたからにはどの生命も健康を祈り願わないものはいない．

　中国伝統の養生法"導引術"―つまり現代では周知の"伝統気功"を検証してみると，中国では春秋戦国時代にはすでに広く行われていたようだ．中国史書の記載によれば，遠い昔中国原始社会の時代，毎年洪水が氾濫したため，土地の至るところは湿気っていた．長期的に湿った土地，寒い環境で暮らしているうちに，人々は様々な病気を患った．例えば浮腫，関節疾患，筋肉萎縮や，全身の循環が悪かったり，また精神面でも気が滅入り沈みがちだった．これらの問題を解決するため何か有効な手立てはないものかと，当時，人間の日常生活のなかの動きや動物の動きを模倣した動作と，呼吸を結びつけた一連の身体運動が発明された．これがつまり導引術の前身である．動作と呼吸を結びつけた動作によって，すっきりしない気持ちや心のわだかまりが排泄され，それと同時に，身体の病気も治癒していることが発見された．このようなことから導引術が広まり普及していき，多くの人々に認識されるようになっていった．

（2）　舞踏

　"舞踏"といえば遥か遠い古代より存在し，人々の重要な活動の一つであった．舞踏は，集会や祭り，狩りの成功を喜んだり，五穀豊穣や果実の実りに感謝し，出陣時の誓いや勝利を祝うものであった．

　人々は体に毛皮をまとい，頭に花輪を載せ，手には羽毛や武器を持ち，鳥獣類の表情姿態を模倣したり，狩りや戦時のポーズ（型）を演じた身体表現，それが踊りであった．人々は踊ることにより，心中の浮き浮きする喜びや，神への祈りを表現した．その後，人々は意外な発見をする．それは，踊ることによって身体の具合がよくなり多くの病気が治っていたことだ．このことから舞踏でも病を治したり，身体に良い影響を与えることを認識した．

　動作と呼吸を結びつけた導引術であろうと，祝いの集会で即興で踊る舞踏であっても，その共通点は，どちらも肢体を運動させることによって気分が晴れやかになり，身体の健康にも効果が得られたことにある．

2)　特　　徴

　"導引術"は，現代では"伝統気功"と称されており，大きく二大流派に分かれる．その一つは養生する上で，"動"の重要性を強調し，この流派は，平時の保養に注意をすることだ．具体的には飲食や規則正しい生活，そして特に身体の運動はとりわけ重んじている．動くことを常とするのが動物である．人間も生物であり動くことが必然である．"生命在於運動"（生命は動き続ける）という名言が生まれたのはこのためである．

　伝統太極拳は，この"生命在於運動"の言葉が示すことを具体的に表現したものであり，ただ太極拳は，多くの武術的な要素が内包されており，"動く"という意義の上で一致しているに過ぎない．

　もう一つの流派は，"静"の重要性を強調している．意を通じて呼吸することを重視し，内臓を刺激して，精神の安定や身体を疲労させないことを趣旨としている．これはつまり，伝統養生における"労養四六開"（運動四割，休息六割）の理論といえる．呼吸法を主とし，"静"なる効果を重視している．しかし"静"と"動"，双方は矛盾しているわけではなく，ただどちらに重きを置くかが異なるに過ぎない．共通点は永遠に存在しているものだ．

導引術の始まりは，単独動作に呼吸を結びつけつくられた，病気を治療，予防する健康法であった．一つの動作で，ある一種の病を治すというものだ．しかし時代とともに発展し，単独動作を主としながらも，それぞれの単独動作をつないで，最終には完成された套路（型）が形成された．このひとつの変化が導引術をさらなる新たな段階へと引き上げた．この時期の代表作は，漢時代末期，華佗の"五禽戯"である．その後現れた"易筋経"，"八段錦"，"太極拳"等，それらは決められた順序がある固定された型が形成された練習内容であった．型の内容は，先人が築いた基礎を元に，絶えず改善が繰り返され，例えば八段錦は，導引術や五禽戯等の内容を元につくられた．太極拳といえばはなおさらのことであるが，多くの先人の知恵が結集されたものに，大量の中国武術動作の内容を取り入れたため，太極拳は健康に役立つとともに，護身の効用が備わっている．

五禽戯，易筋経，八段錦，太極拳はすべて，練習用の固定動作（套路）がそれぞれに形成されているが，もとは導引術から生まれたものであるため，多くの共通点がある．例えば，呼吸を重視すること，動作は軽やかで緩やかであること，筋肉を緩め伸ばす（ストレッチに匹敵），全身運動であること等が挙げられる．

初心者にも把握しやすいように，筆者は，中国導引術から発展し変化した五禽戯，六字訣，易筋経，八段錦，太極拳及び中国武術等の内容を素材として，簡単に学べる"健身法"を組み合わせたものをまとめた．その動作は十個あり，以下のような特徴がある．

3) 健身法
(1) 特徴
① 身体をリラックスさせる
② 動作は軽やかで緩やか
③ 呼吸は長く深く
④ 身体のねじりと屈伸

(2) 動作名称
① 雛鳥展翅　② 射雕冲天　③ 熊晃拽牛尾
④ 馬歩冲拳　⑤ 惊鹿回首　⑥ 餓虎補食
⑦ 猿猴献果　⑧ 白鶴飛翔　⑨ 揺頭擺尾

⑩ 回頭掉尾

(3) 手型と歩型
1. 手型：掌・拳・勾
2. 歩型：弓歩・馬歩・仆歩・虚歩・歇歩・丁歩・叉歩・提膝・坐盤・並歩・開歩

(4) 各動作要領
① 雛鳥展翅
a) 両足は肩幅に開いて自然に立つ．鼻で息を吸いながら両手は脇横に上げ収め，収めたとき息は少し止める．両手を前へ押し出しながら口から息を吐いていく（以後呼吸は常に，口で吐いて鼻で吸う）．

b) 鼻で息を吸いながら両手は脇横に上げ収め，収めたとき息を少し止める．両手は左右水平方向へ押し出しながら，目線は左手の方を見て口から息を吐いていく．

c) 鼻で息を吸いながら両手は脇横に上げ収め，収めたとき息を少し止める．両手は左右水平方向へ押し出しながら，目線は右手の方を見て口から息を吐いていく（動作要領はb)と同様で，目線の方向が異なる）．

d) 両足は肩幅に開き，両手は腹前にボールを抱くように収める．息を吸いながら両手は徐々に手の平を上向きに翻しながら頭の上の方へ挙げていく．挙げきったら息を少し止める．次に息を吐きながら両手をだんだん腹前まで下ろしていく．

　再び息を吸いながら両手を頭上に挙げていき，息を少し止める．両手は挙げたままの状態で，息を吐きながら目線をだんだん後方に移して腰を左へねじり，右手は前方に，左手は後方にゆっくりと分けながら下ろしていく．両手は肩の高さに水平に挙げ，目線は後方の左手を見る．

e) 両足は肩幅に開き，両手は腹前にボールを抱くように収める．息を吸いながら両手は徐々に手の平を上向きに翻しながら頭の上の方へ挙げていく．挙げきったら息を少し止める．次に息を吐きながら両手をだんだん腹前まで下ろしていく．

　再び息を吸いながら両手を頭上に挙げて

いき，息を少し止める．両手は挙げたまま
の状態で，息を吐きながら目線をだんだん
後方に移して腰を右へねじり，左手は前方
に，右手は後方にゆっくりと分けながら下
ろしていく．両手は肩の高さに水平に挙げ，
目線は後方の右手を見る（動作要領は d）
と同様で，腰のねじりと目線，両手の動き
が左右異なる）．

注意点：体の軸はまっすぐ保つ．腰のねじりと
同時に首もひねること．手を挙げたり収める
ときは息を吸う．手を下ろしたり押すときは息を
吐く．緩慢な動作を心掛け，身体は緩めること．

効果：内臓を刺激し，肺機能を高める．猫背を
改善し，腰痛，首・肩のこりが軽減される．

② 射彫冲天

a) 両足は肩幅よりやや開いて自然に立つ．鼻
で息を吸いながら両手は脇横に上げ収め，
収めたとき息は少し止める．両手は交差し
ながら前へ押し出し，口から息を吐いてい
く（以後呼吸は常に，口で吐いて鼻で吸
う）．次に息を吸いながら両手をゆっくり引
き寄せ，右手は拳に変え，左手は掌のまま
胸前に収める．息を吐きながら左手は体の
左側に向かって押し出す．そのとき目線は
左手を見る．手を押し出すと同時に足は膝
を曲げていき中腰の "騎馬式" になる．動
作を収め，最初の状態に戻る．

b) 息を吸いながら両手は脇横に上げ収め，収
めたとき息は少し止める．両手は交差しな
がら前へ押し出し，息を吐いていく．次に
息を吸いながら両手をゆっくり引き寄せ，
左手は拳に変え，右手は掌のまま胸前に収
める．息を吐きながら右手は体の左側に向
かって押し出す．そのとき目線は右手を見
る．手を押し出すと同時に足は膝を曲げて
いき中腰の "騎馬式" になる．動作を収め，
最初の状態に戻る（動作要領は a）と同様
で，両手の動きと目線が左右異なる）．

c) 息を吸いながら両手は腰横に収め，収めた
とき息は少し止める．両手は交差しながら
前へ押し出し，息を吐いていく．次に息を
吸いながら両手をゆっくり引き寄せ，右手
は拳に変え，左手は掌のまま右胸前に収め

る．息を吐きながら右手は上方に向かって
突いていき，左手は脇下に置く．動作を収
め，最初の状態に戻る．

d) 息を吸いながら両手は腰横に収め，収めた
とき息は少し止める．両手は交差しながら
前へ押し出し，息を吐いていく．次に息を
吸いながら両手をゆっくり引き寄せ，左手
は拳に変え，右手は掌のまま左胸前に収め
る．息を吐きながら左手は上方に向かって
突いていき，右手は脇下に置く．動作を収
め，最初の状態に戻る．

注意点：胸を張り腰を立てる．両足は肩幅より
やや広くして立つ．膝を曲げて中腰になる．

効果：足の脚力が増強される．肩関節の柔軟性
を高める．

③ 熊晃拽牛尾

a) 鼻で息を吸いながら，両手は交差して腹前
に構える．左足を左前方に一歩踏み出し左
弓歩になり，口で息を吐きながら，両拳は
分け広げ股関節横に構える（以後呼吸は常
に，口で吐いて鼻で吸う）．息を吸いながら
重心を後ろ足（右足）に移すと同時に腰を
左へひねり，右腕は右肩から振り出す．息
を吐きながら，重心を前に移し左弓歩にな
り，両拳は分け広げ股関節横に構える．

b) 息を吸いながら，両手は交差して腹前に構
える．右足を左前方に一歩踏み出し右弓歩
になり，息を吐きながら，両拳は分け広げ
股関節横に構える．息を吸いながら重心を
後ろ足（左足）に移すと同時に腰を右へひ
ねり，左腕は左肩から振り出す．息を吐き
ながら，重心を前に移し右弓歩になり，両
拳は分け広げ股関節横に構える．

c) 左足を左前方に一歩踏み出し左弓歩になり，
息を吐きながら，左拳を斜めに突いていく．
息を吸いながら重心を後ろ足（右足）に移
すと同時に腰を左へひねり，左腕を引き寄
せる．息を吐きながら，重心を前に移し左
弓歩になり，左拳を再度斜めに突いていく．

d) 右足を右前方に一歩踏み出し右弓歩になり，
息を吐きながら，右拳を斜めに突いていく．
息を吸いながら重心を後ろ足（左足）に移
すと同時に腰を右へひねり，右腕を引き寄

せる．息を吐きながら，重心を前に移し右
弓歩になり，右拳を再度斜めに突いていく．

注意点：足腰を安定させ動作はゆっくり行う．
背骨をしなやかにねじらせ力を抜いて腕を振
る．

効果：腰をねじりながら腕を振ることにより肩
甲骨の稼動範囲が増す．背骨の柔軟性を高め
る．足の脚力が増強される．

④馬歩冲拳

a) 左足を横に開き馬歩になり，両手は拳を握
り腰に構える．口で息を吐きながら拳を交
互に打ち出す．目線は前方を見る．

b) 右足を横に開き馬歩になり，両手は拳を握
り腰に構える．口で息を吐きながら拳を交
互に打ち出す．目線は前方を見る．

注意点：頭を立てあごを引く．胸を張り腰を立
てる．つま先が外を向かないように股はゆった
り開く．拳は腕をねじらせて打ち出す．

効果：脚力や腕，腰，背中の力が増す．内蔵機
能を高める．膝関節痛の予防．

⑤惊鹿回首

a) 右足を一歩踏み出し，つま先を外に向ける．
両手は鼻で息を吸いながら両脇に構える．
口で息を吐きながら体をねじらせ右に腰を
回す．同時に両手は左側から右後方へ水平
に回していく．左手は徐々に頭上方へ伸び
ていく．足は叉歩になる．目線は後ろの手
（右手）を見る．

b) 左足を一歩踏み出し，つま先を外に向ける．
両手は鼻で息を吸いながら両脇に構える．
口で息を吐きながら体をねじらせ左に腰を
回す．同時に両手は右側から左後方へ水平
に回していく．右手は徐々に頭上方へ伸び
ていく．足は叉歩になる．目線は後ろの手
（左手）を見る（動作要領は a）と同様で，
両手の動きと目線が左右異なる）．

注意点：腰をねじり首も回していく．叉歩は安
定させる．両手はのびのびと広げる．

効果：頚椎，胸椎，腰椎の柔軟性が強化され
る．首，胸，肩甲骨，腰のこりや痛みの予防．

⑥餓虎補食

a) 両足は肩幅に開き立つ．両手は鼻で息を吸
いながら脇まで挙げる．次に，口で息を吐

きながら両手は親指を下に向け腕をねじり
押し出していく（以後呼吸は常に，口で吐
いて鼻で吸う）．左足を半歩前に進め，両手
は肩上方に引き寄せ，頭を後ろに倒しなが
ら息を吸う．頭を徐々に起こし両手を前へ
押し出しながら息を吐いていく．

b) 左足をさらに半歩進め両足は大きく前後に
開き（左足は曲げ右足は伸ばす），上体を前
へ曲げていき，両手は床につける．息を吸
いながら上体を後ろへ反らす．上体を起こ
し頭も戻しながら息を吐いていく．

c) 両足は肩幅に開き立つ．両手は鼻で息を吸
いながら脇まで挙げる．次に，口で息を吐
きながら両手は親指を下に向け腕をねじり
押し出していく．右足を半歩前に進め，両
手は肩上方に引き寄せ，頭を後ろに倒しな
がら息を吸う．頭を徐々に起こし両手を前
へ押し出しながら息を吐いていく（動作要
領は 1．と同様で，両手両足の動きが左右異
なる）

d) 右足をさらに半歩進め両足は大きく前後に
開き（右足は曲げ右足は伸ばす），上体を前
へ曲げていき，両手は床につける．息を吸
いながら上体を後ろへ反らす．上体を起こ
し頭も戻しながら息を吐いていく（動作要
領は b）と同様で，両手両足の動きが左右
異なる）．

注意点：両手を前に伸び出していく時，腕はね
じり背中は後ろへ引っ張られるような意識を持
つこと．両手を肩の上方へ引き寄せる時，胸を
張り頭をなるべく後方へ倒していくこと．

効果：肺機能を刺激し，頚椎，胸椎，肩甲骨，
股関節等の可動範囲を広め，頚椎の痛みや肩こ
り腰痛等の病状の予防になる．

⑦猿猴献果

a) 両足は肩幅に開き立つ．両手は鼻で息を吸
いながら脇まで挙げる．次に，両手を勾手
に変えて口で息を吐きながら押し出してい
く（以後呼吸は常に，口で吐いて鼻で吸
う）．左足を右足内側に寄せ，左手は肘をひ
ねりながら額前に構え丁歩になる．左足を
左斜め前に進め，右手は左前方へ桃をもぐ
ように伸び出し，左手は斜め後方へ伸び出

す．目線は右手を見る．

b) 両足は肩幅に開き立つ．両手は鼻で息を吸いながら脇まで挙げる．次に，両手を勾手に変えて口で息を吐きながら押し出していく．右足を左足内側に寄せ，右手は肘をひねりながら額前に構え丁歩になる．右足を左斜め前に進め，左手は右前方へ桃をもぐように伸び出し，右手は斜め後方へ伸び出す．目線は左手を見る（動作要領はa）と同様で，両手両足の動きと目線が左右異なる）．

注意点：丁歩のとき身体は縮ませる．桃をもぐ動作はなるべく手を前方に伸び出す．

効果：身体を伸ばしたり縮めたりさせて柔軟性と機敏性を高める．関節の加齢による退化を防ぐ．

⑧白鶴飛翔

a) 両足は肩幅に開き立つ．両手は鼻で息を吸いながら脇まで挙げ，口で息を吐きながら前へ押し出していく（以後呼吸は常に，口で吐いて鼻で吸う）．左足を持ち上げ，息を吸いながら両手は横へ肩の高さへ開いていく．息を吐きながら両手を頭の上へ挙げていく．左足を前に下ろし，息を吸いながら両手を前へ押していく（重心を前に移動していくとき，後ろ足かかとは床から少し離れていく）．上体を反らしながら両手は徐々に開きながら後ろへ挙げ，同時に息を吐きながら左足を後ろへ上げ，鶴が羽を広げ飛んでいる体勢になる．

b) 両足は肩幅に開き立つ．両手は鼻で息を吸いながら脇まで挙げ，口で息を吐きながら前へ押し出していく．右足を持ち上げ，息を吸いながら両手は横へ肩の高さへ開いていく．息を吐きながら両手を頭の上へ挙げていく．右足を前に下ろし，息を吸いながら両手を前へ押していく（重心を前に移動していくとき，後ろ足かかとは床から少し離れていく）．上体を反らしながら両手は徐々に開きながら後ろへ挙げ，同時に息を吐きながら右足を後ろへ上げ，鶴が羽を広げ飛んでいる体勢になる（動作要領はa）と同様で，足の動きが左右異なる）．

注意点：身体は伸ばす．頭をまっすぐ立てる．動作と呼吸を合わせる．

効果：平衡能力を高める．大脳を刺激し運動神経の機敏性を高める．

⑨揺頭擺尾

a) 両足は肩幅に開き立つ．両手は腰に添え，中腰になって半馬歩に構える．重心を右足に移し，鼻で息を吸いながら腰を右に回し，それに連動して頭も右に回していく．目線は右後方を見る．次に重心を左足に移し，口で息を吐きながら腰を左に回し，それに連動して頭も左に回していく．目線は左後方を見る（以後呼吸は常に，口で吐いて鼻で吸う）．

b) 両足は肩幅に開き立つ．両手は腰に添え，中腰になって半馬歩に構える．重心を左足に移し，息を吸いながら腰を左に回し，それに連動して頭も左に回していく．目線は左後方を見る．次に重心を右足に移し，口で息を吐きながら腰を右に回し，それに連動して頭も右に回していく．目線は右後方を見る（動作要領はa）と同様で，重心移動が左右異なる）．

注意点：できる限りしっかり腰をねじる．頭もなるべく後方を見る．できる範囲で腰の高さを低くする．

効果：頚椎，腰椎周りの筋肉を伸ばし緩める．筋肉疲労を軽減し，血液循環を促進させ，足の力を高める．

⑩回頭掉尾

a) 両足は肩幅に開き立ち，手は腹前で組む．鼻で息を吸いながら手の平を上に向けて頭上方へ伸ばす．目線は上方を見る．身体を前屈させ両手を下げながら口で息を吐いていく（以後呼吸は常に，口で吐いて鼻で吸う）．次に息を吸いながら頭を持ち上げる．息を吐きながら頭は左後方に向ける．頭をいったん前方へ戻し，息を吸いながら頭を持ち上げる．息を吐きながら頭は右後方に向ける．頭を前方へ戻しゆっくり立っていく．

注意点：前屈時脊髄はまっすぐ保ち腰を曲げない．頭を後方へ向ける時，なるべく首をねじる．

効果：大腿部裏側の筋肉や頸部を伸ばし，こり
をほぐす．疲労回復．筋肉をほぐし血液循環を
促す．

4) 中国健身法の授業展開

(1) 授業のテーマ・目標

"健身拳"と太極拳を習う．単に動作を覚える
だけでなく，動作を習う過程において健康な体づ
くりをすることが大切な目的である．動作の正確
さや完成度の高さよりも，動作（型）の順序を把
握することを目標とする．中国健身法の習得を通
じ，履修生それぞれの体質がさらに改善されるこ
とを期待する．

(2) 授業展開例〔運動実践10回〕

第1回 中国健身法について（DVD 視聴により
中国武術のイメージをつかむ），太極思想につ
いて

第2回 健身拳（雛鳥展翅），太極拳（野馬分鬃），
太極拳動作の特徴について

第3回 健身拳（射彫冲天），太極拳（白鶴亮翅），
太極拳の効果について

第4回 健身拳（熊晃拽牛尾），太極拳（摟膝拗
歩），中国武術の抱拳礼の意味について

第5回 健身拳（馬歩冲拳），太極拳（手揮琵琶・
倒巻肱），"太極拳"の名称の由来について

第6回 健身拳（惊鹿回首），太極拳（左右攬雀
尾），"長拳"の名称の由来について

第7回 健身拳（餓虎補食），太極拳（単鞭・雲
手），"南拳"の名称の由来について

第8回 健身拳（猿猴献果），太極拳（単鞭・高
探馬），太極拳動作名称の由来について

第9回 健身拳（白鶴飛翔），太極拳（復習），
中国武術・太極拳の発展状況について

第10回 健身拳（揺頭擺尾・回頭掉尾），太極
拳（テスト），中国武術・太極拳の競技ルール
について

主に実技を習う．授業では毎回1〜2つの動作
を習得する．比較的学びやすいものから習ってい
くが，その時の状況に応じて復習したり，調整し
ながら進めていく．

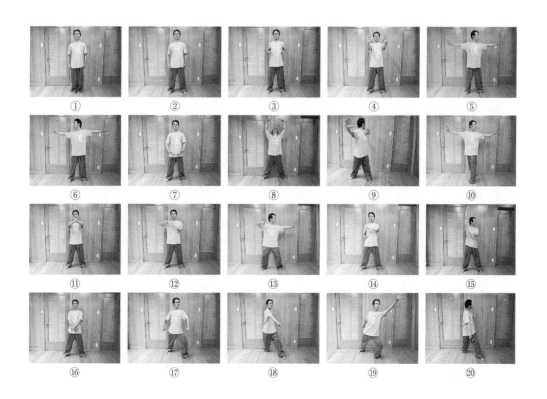

㉑　㉒　㉓　㉔　㉕
㉖　㉗　㉘　㉙　㉚
㉛　㉜　㉝　㉞　㉟
㊱　㊲　㊳　㊴　㊵
㊶　㊷　㊸　㊹　㊺
㊻　㊼　㊽　㊾　㊿
51

＜引用・参考文献＞

1) 中国古代体育，任海，商務印書館，1996.12
2) 中国体育史，谷世権，北京体育大学，2003.10
3) 五禽戯，国家体育総局健身気功管理中心，人民体育出版社，2003.7
4) 易筋経，国家体育総局健身気功管理中心，人

民体育出版社，2003.7
5) 八段錦，国家体育総局健身気功管理中心，人民体育出版社，2003.7
6) 六字訣，国家体育総局健身気功管理中心，人民体育出版社，2003.7
7) 中国武術史，林伯原，五洲出版社，1996.12

5. ウエルネス

1) 歴　史

　世界保健機関（WHO）が提示した「健康」の定義をより踏み込んで，広範囲な視点から見た健康観を意味する．1961 年にアメリカの医学者ハルバート・ダンにより提唱された．生活科学として，運動を適時日常生活に取り入れながら，健康的に日々の暮らしを送ろうという趣旨で提唱された概念である．人々が病気をしないで過ごせるような健康と積極的なライフスタイルを追求することを意味する．80 年代後半から米国で一般に使用されるようになった．

2) 特　性

　上記のウエルネスの定義・趣旨を目的に，毎時間胸に心拍計を装着して，運動強度を確かめながら，さまざまな運動を楽しく行っていく．
　健康で積極的なライフスタイルを送る元となるひとつの行動として，自分の身体・命を守るための護身術を学ぶ．

3) 行う運動

(1) エアロビクスダンス
　音楽のテンポにあわせて身体を動かす．楽な人は動作を大きく，つらい人は動作を小さく．

(2) 器具を使わない筋力トレーニング
　①腕立て伏せ（膝をついて，膝の位置を変えて）
　②腹筋（へそをのぞく，手を膝にタッチ，肘を膝にタッチ）
　③背筋・腿の裏（うつ伏せで脚を左右交互に上げる）

(3) 身体を自由自在に動かそう
　協調性，巧緻性を使った動きを行う．

(4) 歩数計と心拍計を使ったウォーキング
・歩数計と心拍計をつけて，学校周辺を 40〜50 分程度ウォーキングする．

(5) スクエアーパス
　バスケットボールを使った連携パス．

(6) ソフトバレーボールを使った運動
　軟らかいバレーボールを使って運動する．
　①バレーボールオーバーハンドパス．
　②バレーボールアンダーハンドパス．
　③二人組み脚を開いて立位姿勢で背中合わせ，頭上，股下を通して手渡す．
　④二人組み長座姿勢で背中合わせ，足先を通して二人の周りを転がす．
　⑤一人で脚を開いて立位姿勢，脚の間を 8 の字にボールをまわす（逆回転方向も）．
　⑥一人で立位姿勢，体の前に保持したボールを投げ上げ背中の後ろでキャッチする．
　　　　　　　　　　　　　　　　　　　　　等

(7) ディスクドッヂ（ドッヂビー）
　体にあたっても痛くないフライングディスク（ドッヂビーディスク）を使って，ドッヂボールの要領でゲームを行う．

(8) 風船バレー
　通常の風船より大きく，割れにくいものを使ってバレーボールを行う．

(9) 救命処置（胸骨圧迫，人工呼吸）
①応急手当と救命曲線
　図 1 は救急車が来るのを何もしないで待っていては，倒れている人の命が助かる可能性が低くなることを示している．また時間の経過にしたがって同様に低くなる．居合わせた人がすみやかに救命処置を始めなければならない（図 1）．
②救命処置の流れ（心肺蘇生法と AED の使用）
　図 2 は救命処置（心肺蘇生法と AED の使用）の流れを示したものである．
③心肺蘇生法の手順
　a) 反応を確認する

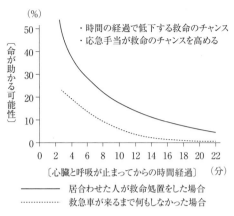

図1 応急手当と救命曲線[1]

グラフ内の文字:
(%)
〔命が助かる可能性〕
・時間の経過で低下する救命のチャンス
・応急手当が救命のチャンスを高める
〔心臓と呼吸が止まってからの時間経過〕 (分)
—— 居合わせた人が救命処置をした場合
……… 救急車が来るまで何もしなかった場合

倒れている人を見かけたら，耳もとで「大丈夫ですか」，「もしもし」などと大きな声で呼びかけながら，肩を軽くたたいて反応を確認する．

b) 助けを呼ぶ

反応がなければ，「誰か来て．人が倒れています．」と大声で呼ぶ．協力者が来たら「あなたは119番に通報してください」「あなたはAEDを持ってきてください」と要請する．

協力者が誰もいない場合は，まず自分で119番通報する．

c) 呼吸の確認

傷病者が「普段どおりの呼吸」をしているかどうかを確認する．傷病者のそばに座り，10秒以内で傷病者の胸や腹部の上がり下がりを見

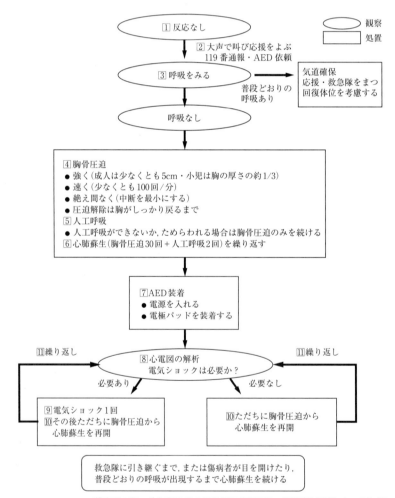

（「改訂4版 救急蘇生法の指針2010（市民用・解説編）」に基づいて作成）

図2 救命処置の流れ（心肺蘇生法とAEDの使用）

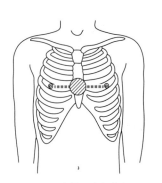

図3　胸骨圧迫部位[1]

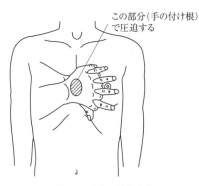

この部分（手の付け根）で圧迫する

図4　両手の置き方[1]

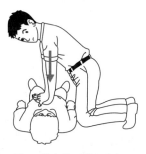

図5　肘を曲げずに垂直に圧迫する[1]

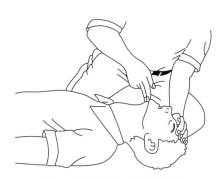

図6　頭部後屈あご先挙上法[1]

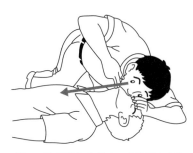

図7　胸が持ち上がるのを確認する[1]

て，普段どおりの呼吸をしているか判断する．

d) 胸骨圧迫（心臓マッサージ）

傷病者に普段どおりの呼吸がないと判断したら，ただちに胸骨圧迫を開始し，全身に血液を送る．

図3のように乳頭と乳頭を結ぶ線の真ん中に片方の手の付け根を置き，図4（両手の組み方と力を加える部位），図5（姿勢，肘を曲げずに真上から力を加える）のようにして，少なくとも1分間に100回の速いテンポで，30回連続で絶え間なく圧迫する．圧迫の強さは傷病者の胸が少なくとも5cm沈むほどである．「強く，速く，絶え間なく」圧迫する．

e) 気道の確保

傷病者ののどの奥を広げて空気を肺に通しやすくする（気道の確保）．頭部後屈，あご先挙上を行う（図6）．

f) 人工呼吸（口対口人工呼吸）

気道を確保したまま図7のように傷病者の鼻をつまみ，大きく口を開け傷病者の口を覆い，空気が漏れないように約1秒かけて吹き込む．いったん口を離し，同じようにもう1回吹き込む．吹き込み時に胸が持ち上がるのを目で確認する（図7）．

g) 心肺蘇生法の実施（胸骨圧迫と人工呼吸の組み合わせを継続）

胸骨圧迫30回と人工呼吸2回を1サイクルとし，救急隊に引き継ぐまで絶え間なく続ける．

疲れるので救助者が二人以上いる場合は，1～2分間程度を目安に交代し，絶え間なく続けることが重要である（表1）．

④AEDの使用手順

a) AEDが到着したら，AEDを傷病者の頭の横に置く．

b) AEDのふたを開け，電源ボタンを押す．ふたを開けると自動的に電源が入る機種もある．電源を入れたら，以降は音声メッセージとランプに従って操作する．

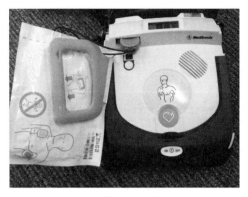
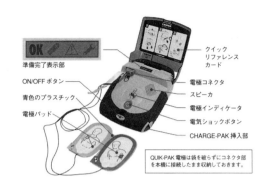

図8　AED（フィジオコントロールジャパン㈱ライフパック CR plus）

表1　心肺蘇生の継続[2]

☆　胸骨圧迫 30 回	☆　人工呼吸 2 回
• 胸の真ん中（胸骨の下半分）を圧迫 • 強く（少なくとも胸が 5 cm 沈み込むまで） • 速く（少なくとも 1 分間に 100 回のテンポ） • 絶え間なく（30 回連続） • 圧迫と圧迫の間は力を抜く（胸から手を離さずに）	• 口対口で鼻をつまみながら息を吹き込む • 胸が上がる程度 • 1 回約 1 秒間かけて • 2 回続けて試みる • 10 秒以上かけない

c）胸をはだけ電極パッドを貼る．貼り付ける位置は電極パッドに絵で示されている．

　　パッドを貼り付ける際にも，できるだけ胸骨圧迫を継続する．

　　パッドを貼るときは以下のことに注意が必要である．

1. 傷病者の胸が濡れているときはタオルでふき取る．
2. 胸に貼り薬がありパッドを貼る際に邪魔になる場合は，はがして，薬剤をふき取る．
3. 心臓のペースメーカーなどが埋め込まれている場合は，そこから 3 cm 程度離したところにパッドを貼る．
4. 胸毛が濃い場合は，貼ったパッドをすばやくはがして貼り付ける部分の体毛を除去し，予備の新しいパッドを貼る．
5. アクセサリーなどの上から貼らない．

d）電極パッドを貼り付けると「体に触れない

でください」などとメッセージが流れ，自動的に心電図の解析が始まる．このとき「皆さん，離れて」と強く注意を促し，誰も傷病者に触れていないことを確認する．

e）AED が電気ショックが必要と判断すると「ショックが必要です」などの音声メッセージが流れ，数秒かけて充電する．充電が完了すると，「ショックボタンを押してください」などの音声メッセージが出て，ショックボタンが点灯し，充電完了の連続音が出る．充電が完了したら，「ショックします．みんな離れて」と強く注意を促し，誰も傷病者に触れていないことを確認し，ショックボタンを押す．

f）電気ショックが完了したら，ただちに胸骨圧迫 30 回，人工呼吸 2 回の組み合わせの心肺蘇生法を続ける．

g）心肺蘇生法を再開して 2 分（胸骨圧迫 30 回と人工呼吸 2 回の組み合わせを 5 サイクル）経ったら AED は自動的に心電図の解析を行う．再び傷病者から離れる．

h）以後心電図の解析，電気ショック，心肺蘇生法の再開の手順で約 2 分ごとに繰り返す．

⑤小児に対する救命処置

a）胸骨圧迫の強さ（深さ）は胸の厚みの 3 分の 1 を目安とする．子供だからといって，こわごわと弱く圧迫しては効果が得られない．

b）胸骨圧迫は十分圧迫できるのでれば，子供の体格によって両手でも片手でもかまわない．

c）AED のパッドは小児用パッドを使う（未就

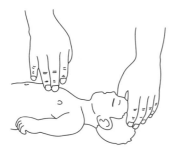

図9　乳児への胸骨圧迫（心臓マッサージ)[1]

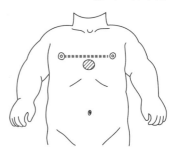

図10　乳児の胸骨圧迫部位[1]

図11　乳児への人工呼吸[1]

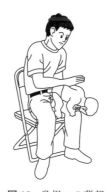

図12　乳児への背部叩打法[1]

図13　乳児への胸部突き上げ法[2]

学児）．小児用パッドが備わっていない場合は成人用パッドを代用する．（小学生以上には成人用パッドを使用する．）パッドを貼る位置はパッドに表示されている絵に従う．小児用パッドには胸と背中に貼るタイプのものもある．

⑥乳児に対する救命処置

a) 胸骨圧迫は2本指（中指・薬指）で強く押す（図9）．圧迫の強さ（深さ）は胸の厚みの3分の1を目安とする．圧迫の位置は左右の乳頭を結んだ線の少し足側を押す（図10）．

b) 乳児に対しては，口対口鼻人工呼吸を行う（図11）．傷病者の口と鼻を同時に自分の口で覆う．同時に覆えないときは口対口人工呼吸を行う．

c) 乳児にも，AEDを使用できる．
　AEDに小児用電極パッド（小児用モード）が備わっている場合にはそれを用いる（切り替える）．もし小児用電極パッド（小

児用モード）が備わっていない場合は，成人用電極パッドを使用する．
　電極パッドを貼る位置は，電極パッドに表示されている絵に従う．

※　乳児に対する気道異物除去の方法
　気道異物による窒息と判断した場合は，ただちに119番通報を誰かに依頼し，異物除去を行う．
　図12のように幼児をうつぶせにして，頭を低くして片腕に乗せ，顔は手のひらで支える．もう一方の手の付け根で，背中の真ん中を異物が取れるか反応がなくなるまで強くたたく．または図13のようにする．
　反応がなくなった場合は119番通報とAEDの手配を行い，乳児に対する心肺蘇生法を行う．
　乳児に対しては腹部突き上げ法（ハイムリック法）を行ってはいけない．

（10）　護身術（講道館護身術）

①徒手の部　組みつかれた場合

a)　両手取（りょうてどり）（図 13）

1.　取（攻撃してきた相手を制する側）と受（攻撃を仕掛ける側）があい対し（図 13 −❶），受が取の両手首をつかみ，右膝で取の股間を蹴り上げようとする（図 13 −❷）．

2.　取は左足を後ろに下げながら，右肘を曲げ，外側に張って，てこの理で大きく，速く内側に右腕を動かし，受の左手を振り切る（図 13 −❸−1, 2）．

3.　返す手（手刀）で気合とともに受のこめかみを打ち（図 13 −❹），左手で受の右手首を受の手のひら側からつかみ，右手で受の手の甲をつかむ（図 13 −❺）．

4.　左腕に，受の右腕を抱え込み（図 13 −❻），手首を手のひら側に曲げて極める（図 13 −❼）．

b)　左襟取（ひだりえりどり）

c)　右襟取（みぎえりどり）

d)　片腕取（かたうでどり）（図 14）

1.　受は取の右斜め後ろに立ち，右手で取の右手首を，左手で右肘をつかむ（図 14 −❶）．

2.　左足，右足，左足と進む．取は受に順応して進みながら（図 14 −❷），向きを変え，気合とともに右足で受の左膝を蹴る（図 14 −❸）．

3.　左足を進めながら右手で受の右手首を下から持ちかえ，左手も右手首をつかむ（図 14 −❹，❺）．

4.　右足をさげて体を右に開き，受の右腕を左腋にはさみ，右肘関節を逆に取って極める（図 14 −❻，❼）．

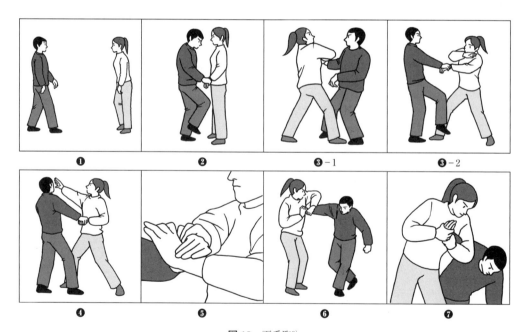

❶　　　　　❷　　　　　❸−1　　　　　❸−2

❹　　　　　❺　　　　　❻　　　　　❼

図 13　両手取[3]

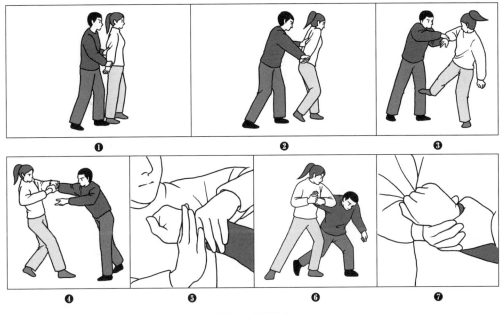

図 14　片腕取[3]

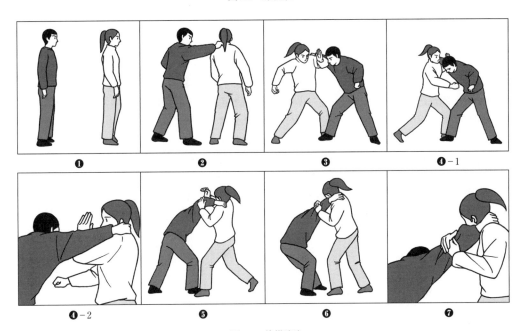

図 15　後襟取[3]

e)　後襟取（うしろえりどり）（図 15）

　1.　受は取の後ろに立つ（図 15-❶）．まず
　　　取が，次いで受が左足から数歩前進す
　　　る．

　2.　受は右手で取の後ろ襟をつかみ，左足を
　　　さげて取を後ろに引き倒そうとする（図
　　　15-❷）．

　3.　取は受に順応し左足を大きく一歩さげ
　　　て，体を左に回転しながら，左腕で顔面
　　　を防ぎつつ（図 15-❸），気合とともに
　　　右拳で受のみぞおちを打つ（図 15-❹
　　　-1, 2）．

　4.　左肩と左頚部で受の右手首を挟んで制し
　　　（図 15-❺），両手で受の肘を上から押

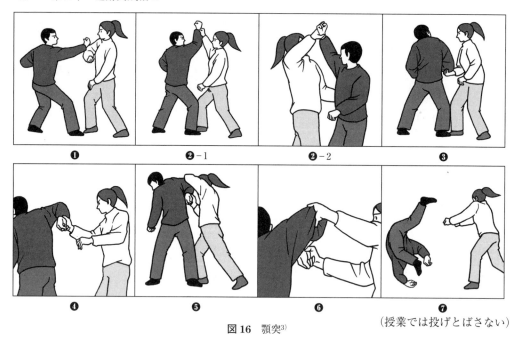

❶　　　　　　❷-1　　　　　　❷-2　　　　　　❸

❹　　　　　　❺　　　　　　❻　　　　　　❼

図 16　顎突[3]

（授業では投げとばさない）

さえ肘関節を極める（図 15-❻, ❼）.
f)　後絞（うしろじめ）
g)　抱取（かかえどり）
②徒手の部　離れた場合
a)　斜打（ななめうち）
b)　顎突（あごつき）（図 16）
　1.　取と受が向かい合って立ち，互いに歩み
　　寄る. 受は右足を踏み込みながら，気合
　　とともに右拳の甲を下にして取の下顎を
　　突き上げる（図 16-❶）.
　2.　取は左足をわずかに後ろに下げ，右手で
　　受の右前腕を下から払い上げ，直ちにそ
　　の手（拇指が下）で受の右手首を握り
　　（図 16-❷-1, 2），その右腕を肘が上に
　　なるようにして捻り上げる（図 16-❸,
　　❹）.
　3.　同時に左手（拇指が下）で受の右肘をつ
　　かみ（図 16-❺, ❻），左腕を伸ばしな
　　がら，左足を受の左足の前に大きく踏み
　　込んで，その左前方に極め倒す（図 16-
　　❼）.
c)　顔面突（がんめんつき）
d)　前蹴（まえげり）

e)　横蹴（よこげり）

4)　授業展開例〔運動実践 10 回〕
第 1 回　エアロビクスダンス，護身術
第 2 回　ディスクドッヂ
第 3 回　歩数計と心拍計を使ったウォーキング
第 4 回　救命処置（胸骨圧迫，人工呼吸）
第 5 回　ソフトバレー，スクエアーパス，護身術
第 6 回　風船バレー，護身術
第 7 回　身体を自由自在に動かそう
第 8 回　DVD ビデオ（妊娠と出産，乳児の発育
　　と発達，親になること）
第 9 回　エアロビクスダンス，スクエアーパス，
　　護身術
第 10 回　授業評価アンケート，レポート

＜引用・参考文献＞
1)　東京法令出版株式会社「［改訂 3 版］　応急手
　　当講習テキスト　救急車がくるまでに」
2)　東京法令出版株式会社「［改訂 4 版］　応急手
　　当講習テキスト　救急車がくるまでに」
3)　財団法人講道館「講道館護身術」2004

第3章

スポーツ実技 ～実技編～

1. バスケットボール

1) 歴 史

バスケットボールはアメリカ，マサチューセッツ州スプリングフィールドの YMCA の大学講師，ジェームズ・ネイスミスによって考案された．初めての公式試合は 1892 年 1 月 20 日にその YMCA の大学で行われた．ネイスミスは，ニュー・イングランド地方の長い冬に室内でできる激しいスポーツを求めていた．そこで体育館のギャラリーに桃の籠を下げて，そこにサッカーボールを入れあうという今のバスケットボールの原型ができた．

その後，1932 年 6 月に国際バスケットボール連盟通称 FIBA が結成され，男子は 1936 年のベルリンオリンピックから，女子は 1976 年のモントリオールオリンピックからバスケットボールがオリンピック正式種目として採用された．

日本へは，スプリングフィールド大学を卒業した大森兵蔵が 1908 年に東京 YMCA で初めて紹介した．その後，1930 年には日本バスケットボール協会 JABBA が設立された．現在の日本のバスケットボール人口は 600 万人に達し，2005 年には日本としては初のプロリーグ「bj リーグ」が発足した．

2) 運動種目の特徴

たて 28 m，よこ 15 m の障害物のない長方形のコートで，バックボードから突き出たリングとネットからなるバスケットに，周囲 74.9 cm 以上 78 cm 以下（7 号サイズ），重さは 567 g 以上 650 g 以下のボールを入れて，その得点を競う（中学生男女と高校生以上の女子には，これよりひとまわり小さな 6 号サイズのボールが使用される）．コートでプレーできるのは 5 人対 5 人である．10 分のピリオドを 4 回行う（中学生は各ピリオド 8 分）．バスケットへのシュートにつなぐのは，手とコートの間をバウンドさせるドリブルか手によるパスであり，ボールを保持したまま 3 歩以上

移動することは反則となる．

このような制限の中で，バスケットにボールを入れて得点を争うのがバスケットボールである．

3) ルール

(1) コートとバックボード，バスケット

公式戦用のコートは図 1 のようである．縦の 2 本の線をサイドライン，横の 2 本をエンドラインと呼び，これらのライン上はコートに含まれない．

バックボードとバスケットのサイズ，位置は図 2 に示した．

(2) ゲームの開始

第 1 ピリオドはセンターサークルでのジャンプボールで，主審の垂直に投げ上げたボールを両チーム 1 名ずつのプレーヤーがタップし，味方に出そうとする．第 2 ピリオド以降は交互にスローインで始める．

(3) 得点

ゴールによる得点は 3 種類ある．スリーポイントラインの内側からのゴールで 2 点，スリーポイントエリアからのシュートでゴールすると 3 点，フリースローによるゴールで 1 点が与えられる．

(4) シュート終了後のスローイン

ゴールが成功したあとは，得点を許したチームが，そのバスケット後方のエンドラインの後ろから，ボールを受け取ってから 5 秒以内にスローインする．

(5) タイムアウト

第 1〜2 ピリオドを通じて各チーム 2 回ずつ，第 3〜4 ピリオドを通じて 3 回ずつ 1 分間のタイムアウト（作戦タイム）をとることができる．

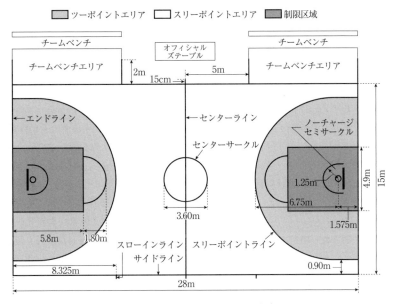

図1　バスケットボールコート[3]

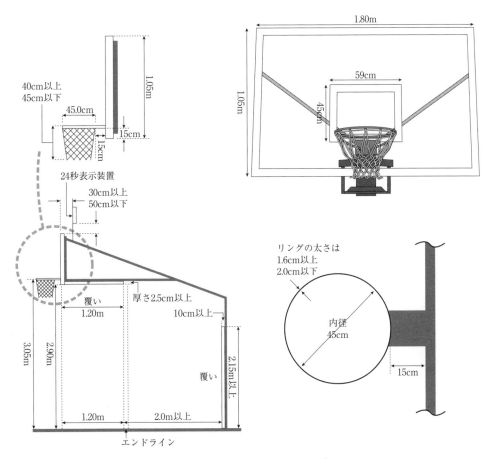

図2　バックボードとバスケット[3]

（6）交代の方法

ボールがデットで，計時が止められたとき，交代要員がスコアラーに合図して申し出る．

（7）バイオレーション

体の接触やスポーツマンらしくない行為を除いた規則違反を言う．相手チームのスローインになる．

①3秒ルール

相手チームのバスケットに近い制限区域内に3秒を超えて留まった場合．

②5秒ルール

スローインやフリースローのとき5秒以内に行わない場合．

③8秒ルール

ボールを8秒以内にフロントコート（攻めているチームの相手側のコート）に進められない場合．

④24秒ルール

プレー中のボールをコントロールしているチームは24秒以内にシュートしなければならない．ボールがリングに24秒以内に触れれば，バスケットに入らなくてもバイオレーションにならない．

⑤アウトオブバウンズ

ゲーム中にボールが境界線上，またはコート外の床に落ちたり，境界線上やコート外にいる選手がボールに触れた場合（図3）．

⑥ドリブルのバイオレーション

1度ドリブルが終了して，再び同じプレーヤーがドリブルを始めるとダブルドリブルというバイオレーションになる．

ドリブル中に手のひらを上にして，支え持った場合はイリーガルドリブルというバイオレーショ

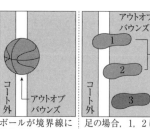

ボールが境界線に触れたらアウトオブバウンズである．

足の場合，1，2はアウトオブバウンズである．

図3　アウトオブバウンズ[3)]

ンになる．イリーガルとは規則に違反したプレーをさす．

⑦トラベリング

ボールを持って3歩以上歩いた場合．

⑧バックコートバイオレーション

攻めている側がフロントコートからもどり，バックコート（攻めているチームの味方側のコート）にボールが触れたり，バックコートにいる味方に触れた場合．

⑨ゴールテンディング

シュートされたボールが落下し始めて，ボール全体がまだリングより高い位置にあるとき，ボールに触れること．防御側が触れた場合は得点が認められ，攻撃側が触れた場合は相手側のスローインとなる．

⑩インタフェア

シュートされたボールがリングの上にあるとき，バスケットやバックボードやボールに触れた場合．防御側が行った場合は得点が認められる．攻撃側が行った場合は相手側のスローインとなる．

（8）パーソナルファール

相手チームのプレーヤーと体が触れ合ってプレーを妨げた場合．

①ブロッキング

体のいろいろな部分を使って相手プレーヤーの進行を不当に妨げる（図4）．

②チャージング

無理に前進して，相手チームのプレーヤーに当たったり押したりする（図5）．

③ホールデイング

相手のプレーヤーを押さえたり，つかんで動きを妨害すること．

④イリーガルユースオブハンズ

相手をつかむまでいかなくても，手を使って動きを妨害した場合（図6）．

⑤プッシング

手や体で相手を無理に押しのけようとしたり，押して体勢を崩そうとした場合．

⑥パーソナルファウルの罰則

シュート動作中でなければ，ファウルがあったところに最も近いアウトオブバウンズの位置でファウルされたチームがスローインする．

図4　ブロッキング[3]

図5　チャージング[3]

図6　イリーガルユースオブハンズ[3]

　シュート中のプレーヤーがファウルされた場合，そのシュートが成功すれば，さらに1投のフリースローがファウルされたプレーヤーに与えられる．シュートが成功しなかった場合は，2（ツー）ポイントエリアからのシュートであったとき2投，3（スリー）ポイントエリアからのシュートであったときは3投のフリースローがファウルされたプレーヤーに与えられる．最後のフリースローが成功したら，相手チームがエンドライン後方からスローインし，失敗した場合はライブのボ

ール（プレー中のボール）として，プレーを続行する．

(9)　テクニカルファウル
①ボールに正当にプレーしていない
　相手チームのプレーヤーを故意に押しのける，叩く，蹴るなどのボールに正当にプレーしていない場合．
②スポーツマンらしくない行為
　チームメンバー，コーチ，アシスタントコーチ，チーム関係者が審判に執拗に文句を言った場合．
③テクニカルファウルのときの罰則
　シュートの動作でないときでもファウルされたチームにフリースローが2投与えられ，フリースローの後もスローインの権利が与えられる．

(10)　パーソナルファウル，テクニカルファウル5回の場合
　プレーヤーがパーソナル，テクニカルファウルを合わせて5回すると，ただちに他のプレーヤーと交代し，以後そのゲームには出場できない．

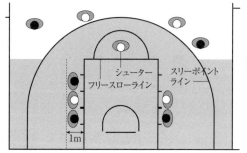

図 7　シューター以外のプレーヤーのポジション[3]

図 8　ドリブルの基本姿勢[2]

図 9　ドリブル時の指先の使い方[2]

図 10　ドリブルの突き出し[2]

(11)　チームファウル 5 回目以降の場合

　1 チームが各ピリオドでパーソナルファウル，テクニカルファウルを合わせて 4 回行った場合，その後のパーソナルファウルにはシュートの動作でないときでも，2 投のフリースローがファウルを受けたプレーヤーに与えられる．

(12)　フリースロー
①パーソナルファウルを受けた者が行う．
②シューター以外のプレーヤーのポジショニング

　フリースローのとき，制限区域に沿った位置に立つことができるのは，シューターのチームが 2 人，相手チームが 3 人の合計 5 人までである．立つ位置は図 7 のようにする．この 5 人はボールがシューターの手から離れてから，制限区域内に入れる．それ以外のプレーヤーは，ボールがリングに触れるかフリースローが終わるまで，スリーポイントラインの外側で，なおかつフリースローラインの延長線上の外側にいなければならない（図7）．

4)　基本技術
(1)　ドリブル

　ドリブルの基本姿勢を図 8 に示した．指先は図 9 のように使う．

(2)　ドリブルの突き出し

　1 歩目を一気に前に飛び出すことでトップスピードに乗る（図 10）．

(3)　チェストパス

　チェストパスの基本フオームを図 11 に示した．

図11　チェストパス[2]

図12　ワンハンドパス[2]

図13　サイドハンドパス[2]

肘を横に張りすぎると力がボールにうまく伝わらない.

(4)　ワンハンドパス

ワンハンドパスの基本フォームを図12に示した. 近い味方へのパスとして使う.

(5)　サイドハンドパス

サイドハンドパスを図13に示した. 手首のスナップをより強く使うことが重要である.

(6)　バウンドパス

ボールを相手との距離の2/3の位置（相手側）につく.

(7)　アンダーハンドパス

ドリブルをした状態から, ボールを持たずに, そのまま下からすくい上げてパスを出すと, 動きを読まれにくい. これをスコップパスとも呼ぶ.

(8)　ショルダーパス

肩の高さから片手で前方に送るパス. 強いパスが出せる. 速攻時にも有効である.

(9)　オーバーヘッドパス

頭の上から, 両手でパスを出す.

(10)　スクエアパス

プレーヤーのスピードを殺さぬように, 進行方向に強くパスを出す（図14）.

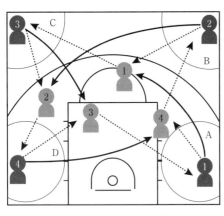

図 14　スクエアパス[2]

　　——→　プレーヤー
　　------→　ボール

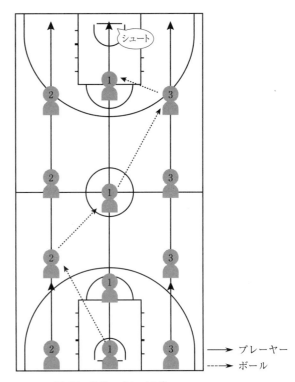

図 15　スリーメンパス[2]

　　——→　プレーヤー
　　------→　ボール

図 16　セットシュート[1]

（11）　スリーメンズパス
　各々が全力でダッシュする（図 15）.

（12）　セットシュート
　フリースローのときに使う（図 16）.

（13）　ジャンプシュート
　真上にジャンプし，真っ直ぐに着地する. ジャンプしている間も目線はリングを見続ける（図

17）.

（14）　レイアップシュート
　高くジャンプし，ボールをリングにそっとおくようなイメージでシュートする（図 18）.

（15）　ドリブルシュート
　ドリブルから，レイアップシュートと同様にジャンプして，ボールをバックボードに当ててシュ

図 17　ジャンプシュート[1]

図 18　レイアップシュート[1]

ートする.

5)　審判の合図
　図 19

6)　授業展開例
第 1 回　オリエンテーション，DVD（バスケットの技術について）

第 2 回　基本技術の練習（パスについて），シュートの試投，ルールの説明，ゲーム
第 3 回　基本技術の練習（パスについて），シュートの試投，ルールの説明，ゲーム
第 4 回　基本技術の練習（パスについて，シュートについて），ゲーム
第 5 回　基本技術の練習（シュートについて），ゲーム

①得点，時計の合図

1 得点を認めたとき　　2 得点を認めたとき　　スリーポイントシュートを
したとき

3 得点を認めたとき　　得点を認めないときとプレーの　　クロックを止める　　ファウルがあって
キャンセルを知らせるとき　　（動かし始めない）　　クロックを止めるとき

手を交差
させる．

ファウルがあったところを
指し，握りこぶしを高く上
げる．

②交代，タイム・アウトの合図

交代　　　　　　タイムアウト

③バイオレーションの合図

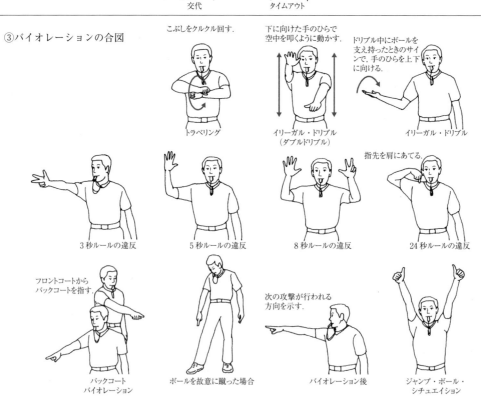

こぶしをクルクル回す．

下に向けた手のひらで
空中を叩くように動かす．

ドリブル中にボールを
支え持ったときのサイ
ンで，手のひらを上下
に向ける．

トラベリング　　　イリーガル・ドリブル　　　イリーガル・ドリブル
（ダブルドリブル）

3 秒ルールの違反　　5 秒ルールの違反　　8 秒ルールの違反　　24 秒ルールの違反

指先を肩にあてる．

フロントコートから
バックコートを指す．

次の攻撃が行われる
方向を示す．

バックコート　　ボールを故意に蹴った場合　　バイオレーション後　　ジャンプ・ボール・
バイオレーション　　　　　　　　　　　　　　　　　　　　　シチュエイション

④ファウルの合図

手を叩く動きをする.

イリーガル・ユース・
オブ・ハンズ

ブロッキング

ヒジをぶつけたファウル

手首をつかむ動作をする.

こぶしで手のひらを叩く.

ボールをコントロールしているチー
ムのバスケットをこぶしで指す.

ホールディング

プッシング（ボールをコントロール
していないチームのチャージング）

ボールをコントロール
しているチームのチャージング

ボールをコントロール
しているチームのファウル

⑤フリースロー
　の合図

1投のフリースローと
それをさせるとき

2投のフリースローと
それをさせるとき

3投のフリースローと
それをさせるとき

図19　審判の合図[3]

第6回　基本技術の練習（シュートについて），
　　チーム分け，ゲーム
第7回　シュート練習，ゲーム
第8回　シュート練習，リーグ戦
第9回　シュート練習，リーグ戦
第10回　リーグ戦
第11回　リーグ戦
第12回　リーグ戦
第13回　リーグ戦
第14回　リーグ戦
第15回　レポート，授業評価アンケート

＜引用・参考文献＞

1)　FAR EAST BALLERS 監修 「新版　DVD バス
　　ケットボール　テクニックバイブル」西東社,
　　2011
2)　五十嵐圭「DVD レベルアップシリーズ　バス
　　ケットボール　五十嵐圭のドリブル＆パス
　　バイブル」ベースボールマガジン社, 2012.
3)　成美堂出版編集部　編「わかりやすい　バス
　　ケットボールのルール」成美堂出版, 2011.

2. バレーボール

1) 歴　史

バレーボールは，1895 年にアメリカのマサチューセッツ州ホリーヨーク市で YMCA の体育指導者であったウイリアム・G・モーガンによってテニスからヒントを得て考案されたスポーツである．はじめは「ミノネット」と呼ばれていたが，テニスのボレー（volley）と同じ打ち方（ボールが地面に落ちる前に打つ）をしていることから呼称が変わり「バレーボール」と呼ばれるようになった．日本へはアメリカから帰国した大森平蔵が紹介し（1908 年），1913 年に東京 YMCA の F・H・ブラウンが指導したのが始まりといわれている．当時は，まだルールや人数がしっかりと決まっておらず，集まった人たちを 2 チームに分けてゲームをしていた．

1920 年ごろにヨーロッパで現在に近いルール（ローテーションルール，6 人制，ボールに触れる回数など）になった．その後，バレーボールは世界中で行われるようになり世界選手権が開催されるようになった．特に，1964 年の東京オリンピックでは正式種目に採用され，日本の女子チームが大活躍し金メダルを獲得したことからバレーボールの大ブームが起きた．現在では，世界選手権，オリンピック，ワールドカップが開催されており世界中で親しまれている．

現在のルールの元になるバレーボールの国際競技規則は，国際バレーボール連盟がパリで結成された際（1974 年 4 月）に採用され成立したものが基本になっている．その後，今日までに，いくつかの改正や修正が加えられ現在の競技規則になっている．

2) 特　性

バレーボールは，ネットによって分割されたコートにおいて 2 チームがネット越しにボールが床に落ちる（または反則が生じる）まで打ち合うスポーツである．ネットがあるため相手チームのプレーヤーと身体接触することがない．ゴールを狙うスポーツとは違い，ミスがポイントになるため，相手を攻撃して相手チームにミスをさせることが中心となる．6 人制と 9 人制のバレーボールがありルールやネットの高さなどに違いがある．例えば，サービスの回数に関して，6 人制は 1 回であるが 9 人制は 2 回である．学校体育においては主に 6 人制のバレーボールが行われているが，9 人制は中高年者の間でレクリエーションとして親しまれている．

3) ルール

(1) 競技場

バレーボールの競技場は，コートとフリー・ゾーンから構成される（図 1）．床の表面に凹凸が無い競技場で，コートの大きさは 18 m×9 m の長方形である．公式には最小限 3 m 幅のフリー・ゾーンを確保する．競技場の空間の条件として，床から最小限 7 m の高さが必要である．また，5 cm 幅のラインにより各ラインが示されていなければならない．

(2) ネットと支柱・ボールの規格

①ネットの高さ

センターライン上に垂直に設置されるネットの高さは，日本独自のルールとして，年代や性別により異なる．一般男子は 2.43 m，一般女子は 2.24 m である．高校生の全国大会では一般と同じ高さであるが，地方大会では男子 2.40 m，女子 2.20 m である．中学生は男子 2.30 m，女子 2.15 m で，小学生は男女ともに 2 m のネットでゲームを行う．

②ネットと支柱

ネットと支柱の位置関係は図 2 の通りである．ネットは幅 1 m 長さ 9.5～10 m で 10 cm 四方の網目で作られている．また，ネットの許容空間の横の限界を示すアンテナを設置する．

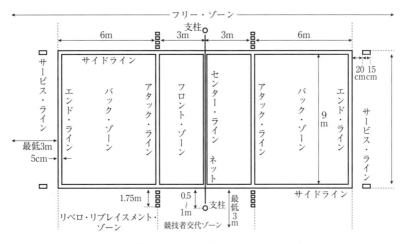

図1　コートとフリー・ゾーン

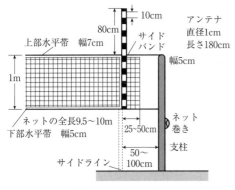

図2　ネットと支柱

③ボール

　ボールは，球状でゴムまたは類似した材質で作られた中袋を柔軟な皮革または合成皮革でおおったもので，色は均質で明るい色か複数色を組み合わせたものでなければならない．中学生は4号球（周囲62〜64 cm），高校生以上は5号球（周囲65〜67 cm）を使う．

(3)　ゲームの進め方
①チーム編成（6人制）

　通常は12名まででチームを編成し6名でゲームを行う．チームを編成するプレーヤーの内，リベロ・プレーヤー（守備専門のプレーヤー1名）以外の1名をゲームキャプテンに指名する．

②ゲーム開始

　両チームのプレーヤーと審判が定位置についたことを確認したら，笛の合図の後に，サービス権を持つサービングチームがサービスを打ってゲームを始める．

③サービスとサービス権

　サービスは，バックライトに位置するプレーヤーがサービスゾーン内から，ボールをトスし片手（手か腕）でボールを打ってネット越しに相手コート内にボールを入れるプレーである．

　サービスは必ず笛の合図の後に行い，また笛の合図の後，8秒以内にボールを打たなければならない．サービスは1回のみ許される．ジャンプしたり動いて打つことや打った後ならばサービスゾーンから出ても構わない．サービングチームのプレーヤーはサーブされたボールが見えないように妨害（スクリーンプレー）してはいけない．

　コイントスなどにより，サービス権を得た方が最初のサービスを行う．ゲーム中，サービス権を持っているチームが得点を得れば続けてサービスができる．続けてサービスを行うとき，同じプレーヤーが続けてサービスをする．サービス権を持っているチームがラリーでミスをしたり反則を犯した場合にはサービス権が相手チームに移る．サービス権を得た時，プレーヤーは時計まわりの方向にポジションを1つずつ移動してバックライトの位置に移動したプレーヤーがサーバーとなる．

このローテーションの順番はセットの終了まで変更できない.

④得点

サービス権の有無に関係なく，自チームがラリーに勝つまたは相手チームがラリーでミスをしたり反則を犯した場合に1点の得点となる. どちらかのチームが2点差以上をつけて25点先取するとセットとの勝者になる. 24点対24点の場合は，どちらかのチームが2点リードするまでゲームが続けられる. 各セットが終わるたび（最終セットを除く）にコートを交代する.

(4) 主な反則

①アウト・オブ・バウンズ

アンテナにボールが触れたり，アンテナの外側を通ってボールを返した場合の反則.

②インター・フェア

完全に相手コートにあるボールをネットの下から手を伸ばして触れる反則.

③オーバーネット

ネットを越えて相手コートの領域にあるボールを打つ反則

④キャッチ・ボール（ホールディング）

ボールをつかんだり，ボールを支えて持ち，ボールの動きを止めてしまう反則.

⑤スクリーン

相手チームから見えないように味方チームのプレーヤーに隠れてサーブを打つ反則.

⑥タッチ・ネット

ボールを触れるための一連の動作中にネットまたはアンテナに触れる反則.

⑦ダブルコンタクト（ドリブル）

ブロッカー以外が2回連続してボールに触れる反則.

⑧テクニカル・ファウル（ミスコンダクト）

直接プレーに関係しない反則（相手チームに1ポイントとサーブ権が与えられる）.

⑨パッシング・ザ・センターライン（ペネトレーション・フォールト）

プレーヤーがセンターラインを踏み越えて相手コートに入る反則.

⑩フォア・ヒット（オーバー・タイムス）

3回以内に相手コートに返球できなかった場合の反則.

⑪ポジショナル・フォールト（アウト・オブ・ポジション）

レシーブ側のプレーヤーがサーブが打たれたときに決められたポジションにいない反則.

(5) 審判法

公式のゲーム運営では，主審1名，副審1名，スコアラー1名，ラインジャッジ（線審）2名または4名で審判団を構成する. 主審はゲーム開始から終了までの審判の責任者となる. 副審は主審を補助しながら審判を行う. 線審は，片手に小旗を持ち，旗のシグナルでボールのイン／アウトの合図やサーバーのフットフォールト，ボールのアンテナ外通過や接触などを合図して主審に知らせる. 主審・副審・線審は，ハンドシグナルやフラッグシグナル（図3）を使い，判定に必要な合図をし，反則や中断の理由をプレーヤーや観客にはっきりとわかるように示す.

4) 基本技術

(1) パス

①オーバーハンドパス

オーバーハンドパス（図4）は，トスを上げたりボールをセッターに返す時などに用いる技術である. 基本動作は，脚は前後に開き，親指と人差し指でできる三角形からボールを見るようにして，肘・腰・膝を曲げ，ボールが手に入った瞬間に全身を使ってボールを飛ばす.

②アンダーハンドパス

アンダーハンドパス（図5）は，ボールをレシーブしセッターにパスする時などに用いる技術である. 基本動作は，両足は肩幅位に開き腰を落とした姿勢で構え，肘を伸ばして2本の腕を一枚の板のように平らにし，ボールが当たる瞬間に膝と腰の動きを使ってボールを送り出す.

③トス

トスには，オープントス（前方へのパス），バックトス（後方へのトス），ジャンプトスがある. トスは，オーバーハンドパスの基本動作（図4）を基本とするが，スパイクが打ちやすいように，ボールを回転させないようタイミングよくトスを上げることが重要である.

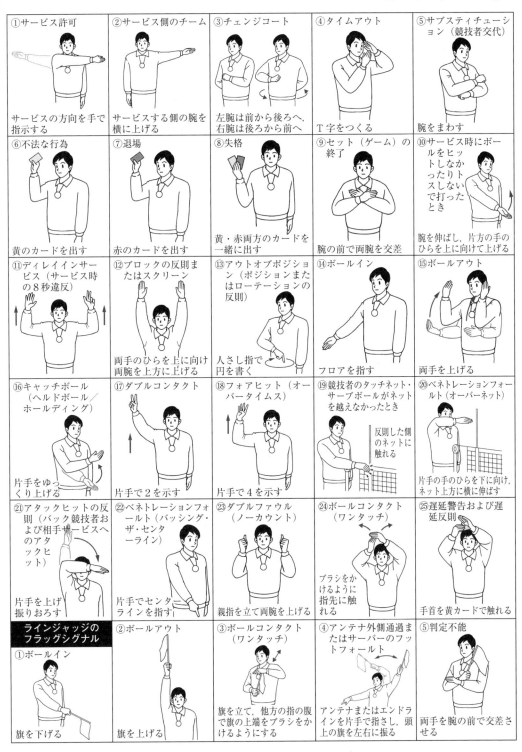

図3　主審・副審のハンドシグナルと線審（ラインジャッジ）のフラッグシグナル

図4　オーバーハンドパス　　　　　　　　図5　アンダーハンドパス

オーバーハンドサーブ

アンダーサーブ

フローターサーブ

図6　サービス

図7 スパイク

図8 ブロック

(2)　サービス

　サービスには，オーバーハンドサーブ，アンダーサーブ，フローターサーブ（図6）などがある．打ち方によってボールに変化をつけることができる．アンダーサーブは，すくい上げるようにして打つ．フローターサーブではボールの中心を手のひらで押し出すように打つ．

(3)　スパイク

　スパイクの基本動作（図7）は，トスされたボールをしっかり見て，タイミングよく両腕を後方に大きく振ってジャンプし，腕をスイングして手首のスナップを利かせてボールを打つ．

(4)　ブロック

　ブロックの基本動作（図8）は，相手プレーヤーの動きとボールの位置をみて，両脚揃えてジャンプし，手をかぶせるようにしてボールを止める．

5)　用　語

(1)　サイド・アウト

　サーブ権が移動すること．

(2)　サーブ・フォールト

　サーブを失敗すること（相手コート外に出る，ネットを越えない，8秒以内に打たない場合）．

(3)　ラリー・ポイント制

サーブ権の有無に関係なくポイントが入る制度.

(4) リベロ・プレーヤー

サーブ, スパイク, ブロックのプレーが許されない守備専門のプレーヤーのこと. コート上でプレーできるのは1名だけある. 他のプレーヤーと区別できるユニフォームを着用する.

(5) ローテーション

サーブ権を得た時に, 時計回りにプレーヤーが1つずつポジションを移動すること.

6) 授業展開例

第1回 バレーボールの歴史と特性・ルールの理解

第2回 基本技術1（オーバーハンドパス）

第3回 基本技術2（アンダーハンドパス）

第4回 基本技術3（パスと対人レシーブ）

第5回 基本技術4（サーブとサーブレシーブ）

第6回 基本技術5（スパイク, ブロック）

第7回 応用技術1（サーブレシーブからスパイクまでの攻撃1）

第8回 応用技術2（サーブレシーブからスパイクまでの攻撃2）, 簡易ゲーム

第9回 応用技術3（サーブレシーブからスパイクまでの攻撃3）, 簡易ゲーム

第10回 ゲーム形式の練習（簡易ルールでのゲーム1）

第11回 ゲーム形式の練習（簡易ルールでのゲーム2）

第12回 ゲーム形式の練習（6人制ルールでのグループリーグ戦1）

第13回 ゲーム形式の練習（6人制ルールでのグループリーグ戦2）

第14回 ゲーム形式の練習（6人制ルールでのグループリーグ戦3）

第15回 技能評価（パス, スパイク, サーブについてのスキルテスト）

＜引用・参考文献＞

1） 森田淳悟『わかりやすいバレーボールのルール』成美堂出版, 2011.

2） 大修館書店編集部（編）『最新スポーツルール百科2012』大修館書店, 2012.

3. ラケットスポーツ

「ラケットを用いた楽しいラケットスポーツゲームの考案」が授業のテーマである.

テニス, 卓球, バドミントンなどのラケットスポーツは, 競技として, また, レクレーションスポーツとして, 多くの人々に支持され実施されている.

本授業では, 既存のラケットスポーツがどのようなルーツによって発生し, 現在のルールに発展し, 技術的な向上と戦略が生み出されてきたのかを実践して理解する. また, 誰もがやって楽しい新たなゲームをルールとラケットやボールなどの道具の改良により, 工夫して作り上げることにより, 将来のラケットスポーツの展開を考案することを目標とする.

第1回 オリエンテーション (ラケットスポーツとは, グルーピング, 役割分担等)

「ラケットスポーツ」のテーマ, 目標, 課題, 授業内容とスケジュール, 準備学習, 評価方法, テキスト・参考書, 履修者への要望等を説明する. その後, グルーピングしてグループ内で自己紹介をして, 役割分担をする. パートナーとグループ名を決めてグループノートを作成する. 最後に「ラケットスポーツ」への取り組み方について

レポートにまとめる.

第2回 ラケット運動 (当てる・つく・飛ばす・コントロールする) の体験

テニス, 卓球, バドミントンのラケットのグリップとスイングの説明 (図1, 2, 第2章1. バドミントンの図6と第2章3. 卓球の図3, 4) をして, 当てる, つく, 飛ばす, コントロールする実体験をし, 感覚的にテニス, 卓球, バドミントンの違いを感じる. また, それぞれの簡易的なゲームを実施し, その種目のゲームの楽しさを知ってもらう.

第3回 ラケットスポーツ実践 (11世紀仏国のポーム～16世紀のジュ・ドゥ・ポームへ)

テニスの起源は, 古代の打球戯から発展したという数種の諸説はあるが, 根拠が認められておらず定説となっていない. 現在, テニスの起源として考えられているのは, 11世紀のフランスの修道院で考え出された「ジュ・ドゥ・ポーム」(jeu de paume　手のひらのゲーム) である. このゲームは修道院の中庭, または室内にネットを張って手のひらあるいはそれに代わる道具を持ってボールを打ち合うというテニスの基本型が16世紀まで続いた. その体験を通して, 手のひらから道

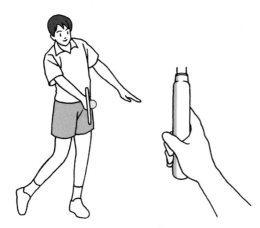

図1 テニスのフォアハンドグリップ (イースタングリップ) とフォアハンドストロークの打点の位置[1]

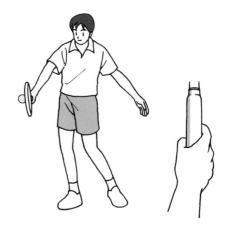

図2 テニスのバックハンドグリップ (イースタングリップ) とバックハンドストロークの打点の位置[1]

具としてラケットが発祥した理由について考える.

(1) 11世紀のジュ・ドゥ・ポームの体験

　①素手ラリー
　　素手で二人一組になってボールを打ち合ってボールをコントロールしてワンバウンドでラリーを続ける.

　②グローブラリー
　　両手にグローブ（サッカーのゴールキーパー用の手袋）をはめてワンバウンドラリーを続ける.

　③ネットラリー
　　ネット（バドミントンコート，高さ1m）を挟んでワンバウンドラリーを続ける.

　④簡易ゲーム（アンダーサーブ，ワンバウンドのみ有効）
　　4ポイント先取ゲーム.

　⑤木製ラケットラリー＆簡易ゲーム
　　木製フェイスミニラケットを使用してラリーと簡易ゲーム.

(2) 16世紀のジュ・ドゥ・ポームの体験

　①ショートテニスラケットラリー＆簡易ゲーム
　　ガット張りショートテニスラケットを使用してラリーと簡易ゲーム.

第4回　ラケットスポーツ実践（16世紀仏国のロングポーム～19世紀英国のローンテニスへ）

　ロングポームの体験からボールの変化によってローンテニスへどのように変遷したかについて考える.

　①16世紀のロングポームの体験と簡易ゲーム
　　ネットラリー（バレーボールコート，高さ1m，11インチボール）

　②16世紀のロングポームの体験と簡易ゲーム
　　ネットラリー（バレーボールコート，高さ1m，中空ゴムボール）

　③16世紀のロングポームの体験と簡易ゲーム
　　ネットラリー（バレーボールコート，高さ1m，室内用テニスボール）

第5回　ラケットスポーツ実践（19世紀のローンテニス～ボールの変遷と現代テニスへ）

　ローンテニスの体験からボールの変化により現代テニスへどのように変遷したかを考える.

　①19世紀ローンテニス体験
　　ラリー（テニスコート，高さ1m，室内用テニスボール，ショートテニスラケット）

　②19世紀ローンテニス体験
　　ネットラリー（テニスコート，高さ1m，室内用テニスボール，テニスラケット）

　③現代テニスの体験とダブルスゲーム（図1と図2参照）
　　（テニスコート，高さ1m，室内用テニスボール，テニスラケット）

　④現代テニスの体験とダブルスゲーム
　　（テニスコート，高さ1m，ジュニア用テニスボール，テニスラケット）

　⑤現代テニスの体験とダブルスゲーム
　　（テニスコート，高さ1m，テニスボール，テニスラケット）

第6回　ラケットスポーツ実践（19世紀ローンテニス～テーブルテニスへ）

　ローンテニスからテーブルテニスが誕生して，その体験によって，どう変遷したのかを考える.

　①テーブルテニスの原型の体験と簡易ゲーム
　　卓球台2台を用い，ショートテニスラケット，室内用テニスボールを用いてラリーと4ポイント先取ゲーム

　②テーブルテニスの体験と簡易ゲーム
　　卓球台1台でショートテニスラケット，室内用テニスボールを用いてラリーと4ポイント先取ゲーム

　③テーブルテニスの体験と簡易ゲーム
　　卓球台1台で木製フェイスミニラケットと室内用テニスボールを使用してラリーと4ポイント先取ゲーム.

　④テーブルテニスの体験と簡易ゲーム
　　卓球台1台で木製フェイスミニラケットと中空ゴムボールを使用してラリーと4ポイント先取ゲーム.

　⑤テーブルテニスの体験と簡易ゲーム
　　卓球台1台で木製フェイスミニラケットと卓球40mmボールを使用してラリーと11ポイント先取ゲーム.

第7回　ラケットスポーツ実践（ボールとラケットの変遷～現代テーブルテニスへ）

　異なるボールとラケットにより現在のテーブル

テニスへの変遷過程を理解する.

①軽い木製ラバーなしラケットと 38 mm ボール

ラリーと 11 ポイント先取ゲーム

②重い木製ラバーなしラケットと 38 mm ボール

ラリーと 11 ポイント先取ゲーム

③ラバーラケットと 38 mm ボール

ラリーと 11 ポイント先取ゲーム

④ラバーラケットと 40 mm ボール

ラリーと 11 ポイント先取ゲーム

⑤ラバーラケットと 44 mm ラージボール

ラリーと 11 ポイント先取ゲーム

第 8 回　ラケットスポーツ実践（現代テーブルテニス）

現代テーブルテニスの技術の変遷を理解する.

①ショート（第 2 章 3. 卓球の図 3, 図 4, 図 5 参照）

②ショート・カット（卓球の図 6 参照）

③フォアハンド・ロング（卓球の図 7 参照）

④バックハンド・ロング（卓球の図 8 参照）

⑤スマッシュ（卓球の図 11 参照）

⑥サーブ（卓球の p.46, 47 を参照）

第 9 回　ラケットスポーツ実践（14 世紀羽根つき～19 世紀英国のバトルドアー・アンド・シャトルコックへ）

14 世紀の羽根つき遊びが 19 世紀のバトルドアー・アンド・シャトルコックへの変遷を理解する.

①木製ラケットラリー

②木製ラケットラリー

③木製ラケットラリーと 4 対 4 簡易ゲーム（バレーボールコート, ネット 3 m）

④ミニショートラケットラリーとゲーム（バレーボールコート, ネット 3 m）

第 10 回　ラケットスポーツ実践（ラケット・シャトル・コートの変遷～現代バドミントンへ）

道具の改良によって現代バドミントンへの展開を理解する.

①ミニショートラケットラリーと簡易ゲーム（砂時計型コート, ネット 2 m）

②ミニショートラケットラリーと簡易ゲーム（砂時計型コート, ネット 2 m）

③バドミントンラケットラリーと簡易ゲーム（砂時計型コート, ネット 2 m）

④バドミントンラケット簡易ゲーム（砂時計型コート, ネット 1.55 m）

⑤バドミントンゲーム（バドミントンコート, ネット 1.55 m）

第 11 回　ラケットスポーツ実践（現代バドミントン）

現代バドミントンへの技術の変遷を理解する.

①フォアハンド・ストローク（第 2 章 1. バドミントンの p.37～39 を参照のこと）

②バックハンド・ストローク

③スマッシュ

④ドロップ

⑤ドライブ

⑥ネットショット

⑦プッシュ

⑧サービス

以上を理解する上で, 図 3～9 を参照のこと.

第 12 回　ラケットスポーツ実践（ニュースポーツ「バウンドテニス」,「ソフトテニス」）

誰もが簡単にできるラケットスポーツを理解すること.

①インディアカラリーとゲーム

②ソフトテニスラリーとゲーム

③バウンドテニスラリーとゲーム

④ファミリーバドミントンラリーとゲーム

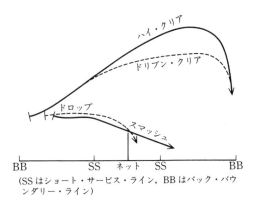

（SS はショート・サービス・ライン, BB はバック・バウンダリー・ライン）

図 3　オーバーヘッド・ストロークから打たれる主なフライト[2]

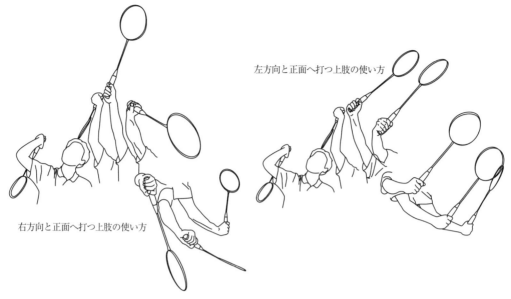

左方向と正面へ打つ上肢の使い方

右方向と正面へ打つ上肢の使い方

図4　オーバーヘッド・ストロークにおける上肢の使い方[3]

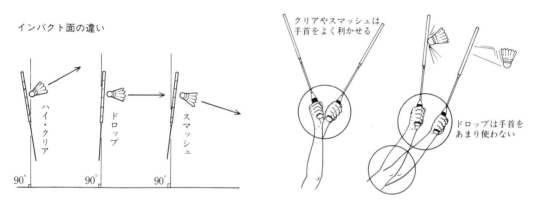

インパクト面の違い

クリアやスマッシュは手首をよく利かせる

ハイ・クリア

ドロップ

スマッシュ

90°　90°　90°

ドロップは手首をあまり使わない

図5　ドロップのインパクト面と手首の使い方[2]

❶　❷　❸　❹　❺　❻

図6　ハイ・バックハンド・ストローク[2]

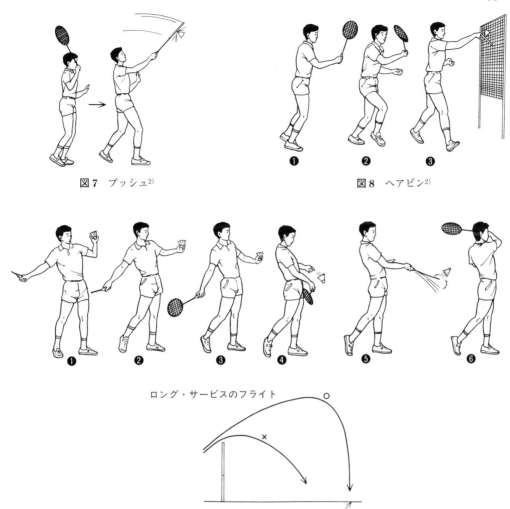

図7　プッシュ[2]　　　　　　　　　　　　　　　図8　ヘアピン[2]

ロング・サービスのフライト

バック・バウンダリー・ライン

図9　ロング・サービスとそのフライト[2]

第13回　考案新ラケットスポーツと実践（1）

　グループで考えた誰もが楽しい新ラケットスポーツの紹介と実践による検証をし，新ラケットスポーツの改善と発展を考える．

第14回　考案新ラケットスポーツと実践（2）

　グループで考えた誰もが楽しい新ラケットスポーツの紹介と実践による検証をし，新ラケットスポーツの改善と発展を考える．

第15回　終了レポート作成・授業評価・授業のまとめ

　本授業への取り組みとその成果についてレポートにまとめて報告する．授業評価の実施．授業のまとめをする．

＜引用・参考文献＞

1) 戸田豊「見てわかる硬式テニス」西東社，1996

2) 栂野尾昌一「攻撃バドミントン」成美堂出版，1986

3) （財）日本バドミントン協会編「バドミントン教本基本編」ベースボール・マガジン社，2001

4. ベースボール型スポーツ

1) 歴　史
(1) 発生と変遷
　ソフトボールは，1887年，米国のシカゴのボートクラブ員が冬季の運動のために室内でのベースボール（インドアベースボール）を考案したことが始まりである．その後，1926年にコロラド州デンバーのYMCA主事であるウォルター・ハケンソンにより「ソフトボール」の名称がつけられた．1933年に「アマチュア・ソフトボール」協会が設立され，ルールの標準化が行われ，1934年に標準ルールが制定された．日本へは大正の中頃にインドアベースボールが紹介されており，1921（大正10）年，東京高等師範学校の大谷武一教授がアメリカ留学から持ち帰ったのが始まりといわれる．1949年に日本ソフトボール協会が誕生し，同年に第1回全日本高校女子選手権大会，第1回全日本一般女子選手権大会が開催された．1955年から男子競技も行われ現在に至っている．しかし，オリンピック種目としては女子競技のみしか行われていなかったが，2012年のロンドンオリンピックから野球と一緒に除外された．

2) 特　性
　野球型の球技であり，野球よりも大きくて柔らかいボールを使い，狭い競技場で行われるスポーツであり，年齢，性を問わずに誰もが行える「打つことが楽しい」スポーツである．しかし，一流競技者では，投手と打者の間の距離が短くて体感ボール速度は時速150km以上になったり，ボールがライズ（打者の手元で伸び上がる）することにより極めて打撃が難しく，攻撃によりなかなか点が入りにくい投高打低の競技である．また，内野守備は野球以上に打球に対する捕球処理と送球の俊敏性が必要となり，守備力の強さが勝敗を分ける要因として大きい．

(1) ファーストピッチ・ソフトボール
　投手が速球（ファーストボール）や変化球を投げる，打者は強打，チョップ，バントなどで攻撃し，盗塁やスライディングをして得点を競うものであり，競技を主眼として行うもの．

(2) スローピッチ・ソフトボール
　レクリェーションを主眼として考案されたソフトボールである．投手が山なりの遅いボール（スローボール）を投げて，打者は強打しか認められていない．ファーストピッチとストライクゾーンが異なる（図1）．盗塁，スライディングもしてはならず，1チーム10人で行う．ファーストピッチに比べて，スピードに乏しいゲームであるが，打ちやすく，得点が入りやすく攻撃型のソフトボールである．

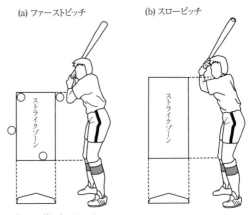

(a) ファーストピッチ　　(b) スローピッチ

○はいずれもストライク．
ファーストピッチでは，打者が打つための姿勢を自然ととった時，みぞおちから膝の皿の下までがストライクゾーンとなる．

図1 ファーストピッチとスローピッチのストライクゾーン[1]

3) ルール
(1) 競技場（図2）
　本塁から外野フェンスまでの距離は男子225フィート（68.58m），女子200フィート（60.96m）である（2002年からの国際ルールでは男子76.20m，女子67.06mに改正）．

投・捕間（投手板から本塁まで）の距離は，男子46フィート（14.02 m），女子40フィート（12.19 m：日本では現在中学生以下使用）であったが，2002年の国際ルール改正で女子のみ43フィート（13.11 m：日本では現在高校生以上）となった.

塁間は18.29 m（中学男女以上）である.

(2) 用具

①バット

バットの長さは34インチ（86.4 cm）以内，重さは38オンス（1077 g）以内，太い部分の直径は5.7 cm以内，材質は木，竹，カーボン，合金，セラミック，チタン等各種だが，安全グリップ（グリップエンドから25.4〜38.1 cm範囲に滑り止めのテープを巻くこと）の使用が義務づけられている.

②ボール

ボールの重さは6.5〜7オンス（177.5〜198.8 g），円周は12インチ（30.2〜30.8 cm），一般・大学は革製，高校・中学・家庭婦人はゴム製の3号ボールを使用．色は白であったが，国際ルールで2002年から黄色に赤ステッチが使用可となった.

③マスクとプロテクター

捕手はスロートガード付きマスク，ボディプロテクター，レガーズ，ヘルメットの着用が義務づけられている.

④グラブとミット

グラブはすべてのプレイヤーが使用して良いが，ミットは捕手と1塁手のみしか使用が認められていない．また，投手の使うグラブは全体が一色で白色と灰色は使用できないが，他の野手は自由である.

(3) 競技人数

プレイヤー9名もしくは指名選手1名を加えた10名である.

(4) 正式競技

①競技の展開

正式試合は7イニング（回）であり，得点の多

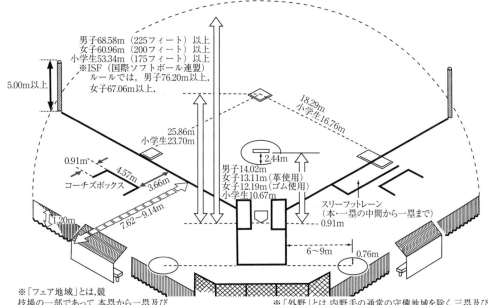

※「フェア地域」とは，競技場の一部であって，本塁から一塁及び三塁を通って競技場のフェンスの下端まで引いた直線と，その線の垂直な上方空間との内側の部分をいう.
※「ファウル地域」とは，競技場の一部で，フェア地域以外の部分をいう.

※「外野」とは，内野手の通常の守備地域を除く，三塁及び一塁後方のファウルラインと境界線の内側の部分をいう.
※「内野」とは，内野手が普通の守備をするフェア地域内の部分をいう.
※投球距離：中学生女子，高校生女子，レディース，エルダー，エルデストは12.19 m，シニアは14.02 m

図2 ソフトボール競技場[2)]

い方が勝ちになる．得点は，攻撃側の選手が3ア
ウトになる前に，打者や走者が1・2・3・本塁の
順に正しく触れ最後に本塁を触れた時点で得点と
なる．7イニング終了時，同点の場合，8イニン
グからタイブレークで試合を継続する．

(5) 投球規定
①投球準備動作
　両足を投手板の上におき，両肩を1塁と3塁を
結ぶ線に合わせて身体の前で両手でボールをも
つ．この姿勢で2～5秒完全に静止しなければな
らない．
②投球姿勢を解く場合
　以下の場合に両足を投手板の後ろにはずして投
球姿勢を解くことができる．
　a) 離塁中の走者をアウトにする場合
　b) 打者がバッターボックスをはずした場合
　c) アピールプレイが生じた場合
　d) 突発的事情で投球不能になったと審判が認
　　めた場合
③投球動作
　投手の片手がボールから離れたとき，または投
手がワインドアップのための動作をおこしたとき
に「投球」動作が始まる．この際にステップは1
歩だけ許されるが，踏み出した足が着地するま
で，軸足を投手板（プレート）または地面から離
してはいけない．
④投球モーション
　3種類の投球法（ウィンドミル，エイトフィギ
ュア，スリングショット）があるが，異なる投球
モーションを組み合わせてはいけない．
⑤投球
　アンダーハンドモーション（下手投げ）で投球
しなければならないが，以下の条件が必要であ
る．
　a) ボールは，手と手首が身体の体側線を通る
　　以前に離してはならない．
　b) 手は腰よりも下で離すが，手首は肘よりも
　　身体から遠くでボールを離してはならない．
⑥投球間隔（20秒ルール）
　無走者の場合，投手はボールを受け取ったら
20秒以内に打者へ投球をしなければならない
（違反は20秒ごとに1ボールとなる）．

⑦不正投球（イリーガルピッチ）
　投球規定に違反した場合，不正投球となり，ボー
ルデッドとなって打者に1ボール与えられ，走
者は1ベース進塁できる．
⑧無効投球（ノーピッチ）
　無効投球は以下の場合である．
　a) ボールデッド中に投球した．
　b) 打撃姿勢をとる前に投球した．
　c) 離塁反則でアウトの場合．
　d) ボールインプレイ中に何らかの野次や行為
　　で不正投球させようとした場合．

(6) ソフトボール独自のルール
①離塁制限
　投手がボールを手にしてピッチングエリア（8
フィート地域）内に両足を位置したならば（投手
板に触れなくても），走者はそれ以後，次の投球
がなされるまで塁を離れることはできない．
②離塁反則
　走者が投球のためのボールが投手の手から離れ
るよりも早く，占有する塁を離れた場合，アウト
を宣告される（投球のためのボールが手から離れ
ると同時に塁を離れるのはよい）．
　2人以上の走者がいる場合は，本塁に近い先の
塁の走者がアウトとなり，それ以外は戻る．

4) 用　語
インターフェアランス　攻撃側のプレイヤーあ
　るいはチームのメンバーが守備妨害を行うこ
　と．
イリーガルピッチ　不正投球のこと．
インフィールドフライ　無死か一死で走者が
　1・2塁または満塁のとき，内野手が捕球でき
　るフェアフライのことで，球審が宣告すれば打
　者はアウトとなる．
オブストラクション　守備側の妨害行為のこと．
犠牲バント　打者がバントをして自分がアウト
　になるかわりに塁上の走者を進塁させること．
三振　打者が3つのストライクをとられること．
死球（デッドボール）　打者が打とうとせずに
　逃げようとして投球に当たった場合のこと．
四球　第3ストライクをとる前にボールが4つ
　になった場合のこと．

指名選手（DP）　守備（FP）　　DPは打撃専門の
　プレイヤーでFPは守備専門のプレイヤーのこ
　と．DPとFPは互いに兼任することが可能．

スチール　　盗塁のこと．

セーフティーバント　　打者が1塁に生きようと
　して行うバントのこと．

セットポジション　　投手の投球準備態勢のこと．

チョップ打撃　　打者がバットを切り下ろすよう
　にして投球を地面に打ち落とす打撃のこと．バ
　ントとみせかけて前進守備をした野手の逆をつ
　いてヒットをねらう．

ダブルベース　　1塁での接触プレーによる事故
　防止のため白色ベースをフェア地域にその横の
　ファウル地域にオレンジベースをおくこと．

フィルダースチョイス（野選）　　フェアゴロを
　野手が捕球して1塁で走者をアウトにできるの
　に先行塁の走者をアウトにするために送球した
　が，アウトにならず両走者ともセーフになった
　場合のこと．

フライ　　打者の頭以上に高く上がった打球のこ
　と．

リエントリー　　スターティングメンバーがいっ
　たん試合から退いても，一度だけ再出場でき
　る．ただし，元の自分の打順に戻ること．

5）　授業展開例

　本授業のテーマは「ベース型スポーツとしての
楽しいボールゲームの考案」である．野球やソフ
トボールは，ベースボール型スポーツとして，競
技として，また，レクレーションスポーツとし
て，多くの日本人に支持され実施されている．

　本授業では，既存のスポーツがどのようなルー
ツによって発生し，現在のルールに発展し，技術
的な向上と戦略が生み出されてきたのかを実践し
て理解する．また，誰もがやって楽しい新たなゲ
ームをルールの改良により，工夫して作り上げる
ことにより，将来のベース型スポーツの展開を考
案することを目標とする．

＜授業の内容・スケジュール＞

**第1回　オリエンテーション（ベース型スポー
　ツとは，グルーピング，役割分担等）**

　「ベース型スポーツ」のテーマ，目標，課題，
授業内容とスケジュール，準備学習，評価方法，

テキスト・参考書，履修者への要望等を説明す
る．その後，グルーピングしてグループ内で自己
紹介をして，役割分担をする．パートナーとグル
ープ名を決めてグループノートを作成する．最後
に「ベース型スポーツ」への取り組み方について
レポートにまとめる．

**第2回　基礎練習（投・捕・打基本）と中学校
　学校体育ソフトボールの体験**

　ソフトボールの基本技術（投・捕・打）につい
て紹介し，基本動作を学習する．基本技術の動作
の詳細は以下のとおりである．

＜ソフトボールの基本技術＞

(1)　キャッチボール

①ボールの握り

　ボールの握り方は，手の大きい人は2本（人差
し指と中指）と親指で握り，手の小さい人は3本
（人差し指，中指，薬指）と親指で握る．深く握
りすぎないように各指の第1関節までで軽く握
る．

②スローイング

　スローイングには，オーバースロー，スリーク
ォータースロー，サイドスロー，アンダースロ
ー，トスがある．基本はオーバースローであり，
ボールに縦の回転を与える．

　投げる手と反対の足を必ず一歩，投球方向へ踏
み出して相手の胸をねらって投げる．そのポイン
トは以下のようである．

　a)　投球方向に対して体を横向きにし，ボール
　　を持った肘を肩の高さで後方に引く．

　b)　後ろ足から前足へ体重移動をしながら，肘
　　より後方にボールを維持しつつ上体を回旋す
　　る．

　c)　肩より高い位置で肘を前方へ伸展し，手首
　　を屈曲（利かせて）してボールを離す（図3）．

③キャッチング

　体の正面で両手でボールをキャッチするように
移動することが重要である．また，キャッチから
素早くスローイングするには，捕球体勢時に体を
横向きにして前足を一歩踏み出しながらボールを
キャッチし，キャッチしたグラブを後方へ引きな
がら送球体勢をつくる（図3）．

（2） ピッチング

①スリングショット（図4）

　ボールを持っている腕を後方へ引き，引き上がったところから腕を速く振り下ろしながら前方への体重移動を利用して大きな力をボールへ伝えて投げる.

②ウィンドミル（図5）

　腕を前方から1回転させながら肘を伸ばして大きな遠心力を得て，前方への体重移動により大きな力をボールに伝えて投げる.

（3） バッティング（図6）

　鋭いスイングによりバットの芯でタイミング良く，いかに正確にボールをとらえるかが基本となる. スイングは，ベルト付近の高さのボールを打つには「レベルスイング」，高めのボールを打つ

には「ダウンスイング」，低めのボールを打つには「アッパースイング」を用いる. また，コースにより打点が異なる（図7）.

（4） ベースランニング

　打球により素早いスタートを切るためには，投球のためのボールが手から離れると同時に2～3歩塁を離れることをいつも心掛け，打球のいくえを確認して全力疾走し，先の塁をねらうことが必要である. また，長打の場合は，各塁の手前で走路をややふくらませて方向転換し，塁間で大きくふくらんでタイムロスしないようにする. （図8）

（5） フィールディング

①内野ゴロの捕球

　膝を軽く曲げて上体を前傾して，踵を上げてグ

図3　捕球・送球の基本[1]

図4　スリングショット[3]

図5　ウィンドミル[4]

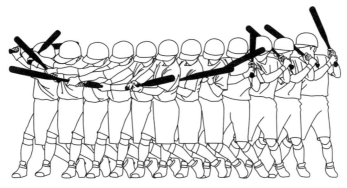

図6　レベルスイングによる打撃動作[5]

ヒッティング・ポイント（遠中近）

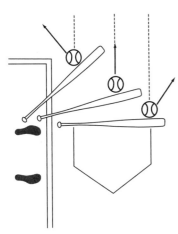

図7　コースによる打点の違い[6]

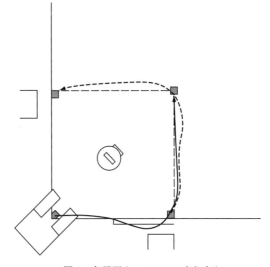

図8　各塁間オーバランの走り方[1]

Ⓐ…地面につく寸前
Ⓑ…地面からはねあがる地点
Ⓒ…頂上への途中
Ⓓ…バウンドの頂点

図9　内野手の構えとゴロの捕球体勢[7]

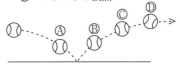

ⒶⒷⒹのいずれかの地
点で捕る．Ⓒはボール
が変化しやすい

図10　ゴロの捕球位置[7]

ラブを低くしていつでもスタートを切れる姿勢で打球に対して構える．ゴロの捕球は左足を右足よりも1歩前に出して低く捕球体勢に入り，左足の右横で捕る．（図9）その際にグラブの中の手の平で壁を作ってボールを止めるようにする．また，ゴロはハーフバウンドの処理が難しいので，できるだけそれ以外のバウンドで処理するように心掛ける．（図10）

②外野フライの捕球

　膝を軽く曲げ，上体を軽く前傾して踵を上げていつでも打球に対してスタートを切れる体勢で構える．スタートは打球方向を判断して，打球方向と反対の足から行う．落下点を見極めて素早く落下点に入る．また，時々背中ごしにボールのいくえを判断して落下点を修正して走る．落下点での捕球は左足を斜め前に半歩出して，顔の前で行う．さらに，走者がタッチアップをねらう際には，落下点の3〜4歩後方から前進しながら捕球して小さめにステップして素早く送球体勢に入る．

　「学校体育ソフトボール」の基本ルールは，投手が山なりのゆるやかなボールを投げ，打者が容易に打球することができるスローピッチ・ソフトボールルールである．

　　a）　塁間は，18.29 m，30 m以上のファウルライン．（図2参照）

　　b）　投捕間の距離は12.19 m，60.96 cm×15.24 cmの投手板．

　　c）　ボールは，「学校体育検定3号球」を使用．バットは，「学校体育検定バット」を使用する．

　　d）　塁ベースは，38.1 cm×76.2 cmのダブルベース（フェア地域側が白色ベース，ファウル地域側がオレンジベース）．

　　e）　1チームは，原則10名．数名のエキストラヒッター（打つだけの選手）を採用可．

　　f）　試合は，5イニング．スリーアウト．

　　g）　投手は，両足を投手板上に置き，投球腕の肩を軸にして振り子のように振って，一歩踏み出して投球する（スタンダード投法）．

　　h）　投手は，打者が打ちやすい山なりボールを投げる．

　　i）　ストライクゾーンは，打者が打撃しようとするときの肩から膝頭の低部とする（図1参照）．死球（デッドボール）なし．四球（フォアボール），三振はあり．バントはアウト．

　　j）　走者は，打者が打った後，離塁可．盗塁禁止．スライディング禁止．

　　k）　野手の悪送球については1個の安全進塁権．

　　l）　原則として，審判員は，球審1名・塁審1名とする．

第3回　ベース型ゲーム実践（1829年英国のラウンダーズ）

　「ザ・ボーイズ・オウン・ブック」1829年度版

　英国の子どもの遊びを集大成した本である．この中に「ラウンダーズ」というボール遊びがある．集まった人を「イン」と「アウト」の二つに分けて，攻撃と守備を交互に2回ずつ行って得点を競うゲームである．1800年代に英国の子ども達の間で楽しまれていたゲームである．

　「ラウンダーズ」は軟らかいボールを打つ，誰もがプレーできる楽しいゲームであり，「ラウンダーズ」の精神はホームラン（ラウンダー）だけが得点となる．この1829年に英国の子どもたちが遊んでいたラウンダーズを紹介し，実践して当時の子ども達が楽しんでいた理由を考える．

第4回　ベース型ゲーム実践（1830年米国のタウンボール）

　英国で行われていた「ラウンダーズ」が米国で「タウンボール」へと進化した．1830年代に米国のフィラデルフィアにて実施されたゲームである．米国のベースボールは，この草の上で子どもたちが喜んで遊んだ「タウンボール」から大人のクラブのゲームへと進化したものである．「タウンボール」は軟らかいボールを打つ，誰でもがプレーできる楽しいゲームであり，その「タウンボール」の精神は「打って始まるゲーム」である．このゲームを紹介し，実践して「ラウンダーズ」から「タウンボール」への進化を考え，ベースボールへとさらに進化する「打つ」ゲームの神髄を理解する．

第5回　ベース型ゲーム実践（1845年米国のベースボール）

　1842年に米国のニューヨーク，マンハッタンの有力な市民階級達は，健康と社交のための戸外運動としてベース型スポーツを行っていた．1845年に「ニッカーボッカー・ベースボールクラブ」が創立され，その指導的立場のアレキザンダー・カートライトが，子ども達のタウンボールを「大人が楽しむ野球規則」として考案した．これがベースボールの元祖となっており，ベースボール誕生年となっている．この1845年のベースボールを紹介し，実践して当時の大人が楽しんだ

理由を考える.

第6回　ベース型ゲーム実践（1887 年米国のインドアベースボール）

米国シカゴのファラガット・ボートクラブのジョージ・ハンコックが，ボートクラブ員たちが体育館でボクシングのグラブをボールとし，ほうきをバット代わりにしてベースボールのまねごとに興じていたのを見て，1887 年にクラブ員の冬場の運動のためにと体育館のインドアでできるゲームのルールを考案した．1884 年にベースボールは初めてオーバースローが解禁されてスピード化の道を辿るが，老若男女誰もができるレクレエーション的なベースボールが継続していくための布石となった 1887 年のインドアベースボールを実践し，その理由を考える.

第7回　ベース型ゲーム実践（1934 年の米国のソフトボール）

1933 年に米国にてアマチュア・ソフトボール協会が設立され，翌年，標準ルールが制定された．それまでいろいろな名称とルールのもとに米国各地にて行われていたものを統一した．これらのゲームは投手がアンダーハンドで投球するという共通様式をもっており，打者に打ちやすいように投手がアンダーハンドで投球する様式は，1845 年のベースボール誕生以来約 40 年間ベースボールが継続してきたスタイルである．当時のソフトボールは万人向きのベースボールとして誕生し，ベースボールの原型をそのまま保存した競技であった．この 1934 年に誕生したソフトボールを紹介して実践することにより，万人向きのベースボールとしての「ソフトボール」を理解すること.

第8回〜10 回　リーグ戦 ①〜③

インドアにて最適なソフトボールのルールに変更したゲームをリーグ戦形式にて実践し，その楽しさと面白さを理解し，誰もが楽しいゲームの発展を考えること.

第11 回　考案新ベース型ゲームづくり

これまでのまとめと，グループで誰もが楽しい新ベース型スポーツを考案すること．新ベース型スポーツの ① ゲームの主旨，② ルール，③ 競技場，④ 道具，⑤ その他を各個人が考えてまとめ，グループ内で報告し，グループにてまとめ，それをリーダーが全員へ報告する.

第12 回　考案新ベース型ゲームの実践（1）

グループで考えた誰もが楽しい新ベース型スポーツの紹介と実践による検証をし，新ベース型スポーツの改善と発展を考える.

第13 回　考案新ベース型ゲームの実践（2）

グループで考えた誰もが楽しい新ベース型スポーツの紹介と実践による検証をし，新ベース型スポーツの改善と発展を考える.

第14 回　考案新ベース型ゲームの実践（3）

グループで考えた誰もが楽しい新ベース型スポーツの紹介と実践による検証をし，新ベース型スポーツの改善と発展を考える.

第15 回　まとめ（終了レポート作成・授業評価）

本授業への取り組みとその成果についてレポートにまとめて報告する．授業評価の実施．授業のまとめをする.

＜引用・参考文献＞

1) 吉村正，須賀義隆，吉野みね子，丸山克俊「実戦ソフトボール」，大修館書店，3 版，東京，1988.
2) 丸山克俊監修「わかりやすいソフトボールのルール」，成美堂出版，初版，東京，2014.
3) 井川英福監修「初心者のソフトボール」，成美堂出版，初版，東京，1994.
4) 山本政親監修「見てわかるソフトボール」，西東社，初版，東京，1996.
5) 田中大鉄監修「ソフトボール上達 BOOK」，成美堂出版，初版，東京，2005.
6) 丸山克俊「攻撃ソフトボール」，成美堂出版，東京，1987.
7) 光沢毅「甲子園野球と練習と試合」，成美堂出版，初版，東京，1976.

5. シェイプアップ

シェイプアップ（shape up）とは，体調を整えるや体力を増進することである．日本では「運動などにより体形を整えること」の意味でも使われている．ここでは運動と食事によっての減量（体脂肪減少）や増量（筋量増加）による美しいプロポーションの獲得と体力増進として捉える．このため科学的なシェイプアップ方法を理解し，そのために必要な適度な運動と食事を習慣的に地道に実践することが必要となる．

シェイプアップには，積極的に運動を実践することと食事摂取のコントロールが重要であり，本気でウェイトコントロール（体脂肪減少や筋量増加）に取り組んで，より高い効果を得るためには授業以外に自分自身で少なくとも週に2日は運動実践することが必要となる．

シェイプアップのためには，以下のような「確実体脂肪減少プログラム」，「楽ちん体脂肪減少プログラム」，「引き締め体脂肪減少プログラム」，「シェイプアップ筋肉づくりプログラム」，「ムキムキ筋肉づくりプログラム」がある．

1) 確実体脂肪減少プログラム

体脂肪減少を1ヶ月程度で短期的に効果を得たい人のためのプログラムである．

5週間（35日間）1回当たり300 kcal消費の運動を実施する．

授業日以外に1週間当たり2日の運動（3回／週）＋減食（−500 kcal／日）

(1) 実施期間

第8回目の授業日から5週間（35日間）

(2) 方法

①毎日の食事から500 kcalマイナスにする．

②3食の主食（ごはん，パン，麺等）を今までの摂取量の半分にする．

③主食以外は今まで通りに食べるが，良く噛んで腹8分を目標に食べる．

④間食（スナック，お菓子，ケーキ，アイス，ジュース等）は一切厳禁．

今まで	今後	
朝食 茶碗一杯（130 g）	75 g	ごはん100 gは168 kcal
昼食 茶碗一杯（130 g）	75 g	
夕食 茶碗一杯（130 g）	75 g	-225 g -378 kcal
朝食 どんぶり一杯（280 g）	140 g	
昼食 どんぶり一杯（280 g）	140 g	
夕食 どんぶり一杯（280 g）	140 g	-420 g -706 kcal

⑤ノンカロリーのドリンクやお茶，水は自由摂取．

⑥可能な限り油の使用を控える（調理とドレッシングやマヨネーズ）．

⑦夕食は可能な限り20時までに済ませる．

⑧1回当たり60〜90分，週3回の運動を実施する．毎週の授業で1回実施．その他2回は空き時間を利用して自由にフィットネスルームで運動．厚生棟6階体育研究室で心拍モニター一式（胸部発信器，時計受信器，バンドの3点）を学生証と交換でレンタルして必ず装着し，心拍記録を入れたまま3点を返却すること（注意：記録がないと無効）．

運動は各自の50% $\dot{V}O_2max$ の目標心拍数となる有酸素運動を300 kcal消費することを目標に60〜90分間実施すること．エアロバイク，ランニングマシン，ローイングマシン，ステアクライマー，ノーチラスマシン等の組み合わせ自由．

⑨運動日の週3回の中に1回を別の運動にしても良い．

例）歩行運動（1日当たり1万歩以上）や軽いジョギング（40分程度）．ただし，その

日の歩数と運動量とエネルギー消費量を歩数
計にて必ず記録すること.

⑩１週間毎に体重と体脂肪率を測定し記録する
こと.

2)　楽ちん体脂肪減少プログラム

授業日以外にフィットネスルームで運動する時
間がない人向けの体脂肪減少効果を得るためのプ
ログラムであり, １日当たり１万歩以上（平常時
の歩数＋６千歩以上）歩くことを目標とする体脂
肪減少のための楽ちんプログラムである.

(1)　実施期間

第８回目の授業日から５週間.

(2)　方法

①毎日平常時歩数に加えて６千歩以上（約60
分以上）のウォーキングを５週間実施する.

②食事プログラムは「確実体脂肪減少プログラ
ム」と同じ.

③授業日以外の運動日の設定なし, 必ず毎日歩
数測定を実施.

④運動強度が弱いので誰でも簡単に体脂肪減少
が可能.

⑤ファミリーと一緒にシェイプアップも可能.
二人でやると「にこにこウォーキングペース
（笑いながら会話できるペース）」で実施し,
コミュニケーションも良くなり, ストレス解
消にも効果が有って一石二鳥.

3)　引き締め体脂肪減少プログラム（５週間）.

「確実体脂肪減少プログラム」か「楽ちん体脂
肪減少プログラム」にノーチラスマシンを利用し
たウェイトトレーニングを組み合わせて体を引き
締めて, 磨かれたシェイプアップボディへ変身す
るプログラム.

(1)　実施期間

第８回目の授業から５週間.

(2)　方法

①食事プログラムは「確実体脂肪減少プログラ
ム」と同じ.

②「確実体脂肪減少プログラム」か「楽ちん体
脂肪減少プログラム」にウェイトトレーニン
グを組み合わせて実施.

③週当たり２日間は, ８種類のウェイトトレー

ニングを10 RM で10回, １セットのみ実施
する.

④体脂肪の減少と筋力が十分に維持されて, 磨
かれたシェイプアップボディへ変身.

⑤厚生棟６階体育研究室で心拍モニター一式
（胸部発信器, 時計受信器, バンドの３点）
を学生証と交換でレンタルして必ず装着し,
心拍記録を入れたまま３点を返却すること
（注意：記録がないと無効）.

4)　シェイプアップ筋肉づくりプログラム

週に２回, 12種類のノーチラスマシンを用い
たウェイトトレーニングを８週間継続することに
より, 全身の筋力を10% 以上向上し, LBW（除
脂肪体重）を約２kg 増加させて, 体を引き締め
たい人向けのプログラム.

(1)　実施期間

第５回目の授業日から８週間（56日間）

(2)　方法

①食事は３食しっかり摂取すること（特に蛋白
質の多い食事を心掛ける）.

②授業以外に１回当たり３セットのノーチラス
ウェイトマシンを使った12種類の筋力トレー
ニングを週に２回実施する.
１セット目は10 RM の1/3で
２セット目は2/3で
３セット目は10 RM の負荷強度で実施する.

③厚生棟６階体育研究室で心拍モニター一式
（胸部発信器, 時計受信器, バンドの３点）
を学生証と交換でレンタルして必ず装着し,
心拍記録を入れたまま３点を返却すること
（注意：記録がないと無効）.

④各トレーニングマシンで10 RM（10回以上
できない重さ）の重さをみつける.

⑤ウェイトトレーニング内容の記録を毎回実施
する.
・ウェイトトレーニング種目
・強度（ポンド）
・回数（回）
・セット数

⑥４週目以降に10 RM を確認し, 増加してい
れば, 負荷を増加すること.

5) ムキムキ筋肉づくりプログラム

週に2回，12種類のノーチラスマシンを用いたウェイトトレーニングを8週間継続することにより，全身の筋力を10％以上向上し，LBW（除脂肪体重）を約2kg増加させて，体重も2kg増量してムキムキ筋肉になる人向けのプログラム．

(1) 実施期間

第5回目の授業日から8週間（56日間）

(2) 方法

①食事は3食十分にしっかり摂取すること（特に肉，魚，大豆，乳製品などの蛋白質の多い食事を心掛け，今までの1.5倍以上摂取）．ただし，エネルギーは1日当たり今までの食事よりも少なくとも500 kcal（牛乳1000 ml）～1,000 kcal程度多く摂取する．

②授業以外に1回当たり3セットのノーチラスウェイトマシンを使った12種類の筋力トレーニングを週に2回実施する（授業日も必ず実施する）．
1セット目は10 RMの1/3で
2セット目は2/3で
3セット目は10 RMの負荷強度で実施する．

③厚生棟6階体育研究室で心拍モニター一式（胸部発信器，時計受信器，バンドの3点）を学生証と交換でレンタルして必ず装着し，心拍記録を入れたまま3点を返却すること（注意：記録がないと無効）．

④各トレーニングマシンで10 RM（10回以上できない負荷）の重さを見つける．

⑤ウェイトトレーニング内容の記録を毎回実施する．
・ウェイトトレーニング種目
・強度（ポンド）
・回数（回）
・セット数

⑥4週目以降に10 RMを確認し，増加していれば，負荷を増加すること．

＜正確な身体組成（体脂肪・除脂肪体重）の測定実施について＞

(1) 当日準備するもの

Tシャツとトレーニングウェア（裸足になれるもの），身体組成測定カード

(2) 測定の前日と当日の厳守事項

身体組成に関して，信頼できる正確な測定値を得るために以下のことを必ず守ること．ダイエット実践の変化を比較するためには，以下の7つの条件を設定して測定上の誤差を最小にして2回の測定データの比較をする必要がある．

①前日の生活や運動・スポーツは普段通りにすること．

②前日の夕食はいつも通り普通に摂取すること．

③前日の夕食は20時までに摂取すること．

④前日の夕食後から測定終了まで絶食（飲水も不可）すること．

⑤測定当日は測定前に排便排尿をすませておくこと．

⑥測定当日の測定終了までは運動しないこと．

⑦測定当日は発汗しないように行動すること．

⑧朝に何も食べず飲まず，排便・排尿後に測定すること．

(3) 測定用紙

巻末の「身体組成測定用紙」を用いて行う．

＜授業内容＞

第1回 オリエンテーション（授業予定・グルーピング・役割分担）

第2回 体力テストとその評価

第3回 筋力マシン（ノーチラスマシン）

第4回 有酸素運動（エアロバイク）

第5回 有酸素運動（ランニングマシン）

第6回 有酸素運動（ローイングマシン）

第7回 有酸素運動（ステアクライマー）

第8回～13回 シェイプアップ実践

第14回 体力テストとその評価

第15回 終了レポート作成・授業評価

6.　中国武術

1)　歴　　史
(1)　太極拳

　太極拳は中国武術の一種で，すでに四百年余りの歴史があるが，数千年の武術の歴史と比べるとその歴史は短い．太極拳の本来の目的は，練習を通じて身体を強め健康にし，護身技能を強化したり，気晴らしをして楽しんだり，伝統武術文化を継承する等である．今日に至り，継承されてきた基礎の上に，新たな変化が発生した．現代の太極拳は前記の特徴を備えるだけでなく，太極拳を通じて人と人を結ぶ自然交流により，互いに友好を深めながら，国際スポーツの舞台が開かれ，正式にアジア及び国際的なスポーツ競技種目となった．一連の歴史記載によると，太極拳は明末代から清初期の頃に創始され，中国河南省陳家溝の陳王庭の手により草創されたが，中国伝統の習慣により，太極拳は外部の者には伝えることは許されなかった．更に伝統思想では，女性は武術を習うことができなかった．しかし，歴史の発展により，古いしきたりが打ち壊され始め，陳家溝の太極拳はだんだん一族の門から出て行き，そして女性も太極拳の世界に入る権利を得た．その後，太極拳は貴族達の好感を得て，彼らの健身且娯楽の手段となり，太極拳の普及が図られ，社会に認められた．1949年中華人民共和国成立後，1956年に中国政府は太極拳専門家を組織した．この狙いは人民の健康を考慮すると同時に，中国の特色ある伝統体育文化を失わぬよう，また初心者がなるべく簡単で習いやすいよう考慮して，動作が複雑で長い伝統太極拳の時間を省くことであった．そして，伝統太極拳の特色を継承且維持することを基本とした，簡単で習いやすい「簡化24式太極拳」を編集した．その結果中国政府は，全中国において太極拳を広く普及することができ，太極拳を正に人民の健康体育とすることができた．現在，この東洋の体育文化は外国人の歓迎を受け，すでに完全に中国から飛び出して，国際スポーツ界の舞台へと進んでいる．

(2)　長拳

　長拳は中国武術の種目の一つで，長拳の発展と中国武術は緊密に結び付いている．中国武術の発展史は，長拳の変化の過程とも言うことができる．古代原始社会において，人々はまだ狩猟採集生活の段階にあり，生活，生存の為に，狩りをすることは当然であった．凶猛な野獣に闘い勝って，生存する為に生死の格闘をしなければならなかった．そのような自然の格闘の中で，人々は攻防の格闘技能を作り出してきた．これこそが武術の誕生であり，長拳の芽生えであった．ただ，当時の統一総名称は「拳術」であった．中国の歴史の発展に伴い，人間の争いで用いる為，長拳を含めた武術は，迅速発展を得た．人々はどのように相手の攻撃をさっとかわして避けられるかを習得し，どのように機会を捜し出して相手の弱点を反撃するか，又相手を欺く為に，見せ掛けの動作等を使ったり，時には相手との格闘中，武器が離れるか折れたりして已むなく空手（拳術）で，武器を持つ敵をあしらった．このような人間の争いは，空手（拳術）格闘技能に空前の発展をもたらし，武術の質が変化した．すなわち兵器が精緻になりその発展に伴い，長拳は戦場では退きはじめ，段々と二次的な地位を占めるようになり，最後には基本的に兵器に取って代わられた．しかし長拳は戦場において完全に消失しなかった．また，人々の日常生活の中の護身と健身の手段としても，民間では広範な普及を得たのである．その後，時代の文明化，進歩に伴い，長拳は更に新しい価値を増加させて，一種の芸術として人々に鑑賞や娯楽を供するものへとなった．新中国成立後，長拳は武術の中の主要な拳種となり，政府と人民に慕われ又重視され，武術の中の基礎となり，中国では未曾有の普及と発展を得た．中国では長拳を練習する子供が多く，至る所に見られる．現在，長拳はすでに正式にアジア競技種目に入った．また，近年ではカンフー映画の草分け，ブルース・リーが有名だが，カンフーと言えば，

あたかも長拳の仮りの姿である.

(3) 南拳

　南拳は中国の福建, 広東一帯に伝わり, その名を見れば意味が想像できるように, 中国の南方の拳種であり, 今から既に400年近い歴史がある. 南拳には手技（手法）が多く, これは中国の歴史や地理的背景と切り離すことのできない関係がある. 中国の地理から見ると, 北方は平原が広く, 逆に南方は河川がやたらと多い. 過去, 南方での戦争においては海戦が非常に多かった為に, 船上の戦いであった. したがって, 舟中で重心を安定させる為に, 二本の脚で重心をコントロールし, 脚を決して上げずに, 両手腕で格闘するものであった. 南方は北方ほど広大でない為に, 地上での戦いは場所の制限があり, 短拳, 多動作, 多変化の格闘方法が非常に多く, これが南拳の風格特徴形成の主要な理由とされている. 南拳は明, 清時代に生まれ, 清朝時期に至ると, 朝廷は腐敗し無能になり, 明を愛し清に反する人々が多く出現した. そして, 外来の侵略に抵抗する為に, 南方の南拳武林の英雄がどっと現れ, これによって南拳は更に南方人民の好感と普及を得ることができた. 新中国成立後, 南拳は中国武術の中の主要な拳種となり, 全中国から重視された. 現在, 全中国武術競技会は, 各省市から南拳の男女の選手が必ず参加しなければならない. 南拳も又アジア大会の正式競技種目となった.

(4) 棍術

　棍は中国武術の中の長器械の一種で, 武術の中での最古の兵器でもある. 長拳は徒手武術の, そして, 棍は器械武術の基礎であると言われ, これは棍が器械の中で相当重要な位置を占めていることを物語っている. 歴史については, 棍と長拳は肩を並べて進んできたと言わなければならない. 人の出現は必然的に植物の存在に伴い, 棍の原料は植物の一本の木で作られている. 原始の狩猟採集生活で人々は, 棍を用いて狩りをし魚類を捕らえ, 果実をつみとった. 特に野獣との格闘の中で, 棍は人々にとって最古で, 極めて重要な武器のひとつであった. 時代の転換に伴い, 人間は略奪戦争を始め, 初めの頃は棍が重要な役割りを持

っていたが, やがて青銅や鉄器の出現により, 棍はそれらに代えられた. しかし伝統の武術・護身・健身として継承されてきた. 時には労働に必要な道具でもあった棍は武器とは見られず,（「少林寺」という映画を見た人は, 坊主が棍で水桶を担いでいた場面の印象があると思うが,）緊急事態に遭遇した時, その棍は身を守る格闘の武器となった. 新中国成立後, 棍は刀剣槍棍の四代器械の一つとなり, 継承保存されてきた. 現在ではこの四種の器械は, アジア競技会の正式種目となっている.

2) 特 徴
(1) 太極拳

　太極拳で要求される事は, 動作は緩慢, 体は緩め, 自然に呼吸をして, 動作過程は弧線運動を重んじて直線運動を避け, 動作と動作の間はつなぎが協調され, 滑らかにすることである. そして重心は虚実をはっきり分け, 完全に両脚間においてはいけない. 太極拳は武術なので, 各動作には実際の形象された意味と, 格闘技の用法がある. また, 相手との対抗実践では, 相手の勁を利用してそれを取り除くことが要求されるのだが, その目的は, 相手の重心を崩して, 自分の重心を安定させ保持することである.

(2) 長拳

　長拳は迅速で激しく, 動静がはっきりとした運動である. 更に具体的には, 長拳動作は迅速と緩やかな動きが互いに結び付き, 動作過程の全身の上下半身は呼応し協調されなければならない. また, 勁力は全体的にスムーズに, 動作は運動中はよどみなく, 着地等停止する時はサッと歯切れ良く, 剛あり, 柔もある. 長拳を練習すると, 全体的な体の基礎体力を高めることができる. また, 普通初心者は先ず, 全体的な柔軟運動を行わなければいけない. それは後々の套路の段階で, 動作のかたちに均整を増して優美にし, スムーズに協調させることができる. 長拳にはまた様々な跳躍動作や, 回す, 翻す, 拳を突いたり, かわしたり等の動作があり, 練習者は跳躍力, 敏捷性, スピードを備え高めることが要求される. 伸び伸びとした動作, ゆったりと大きいのが, 長拳運動の大

きな特徴である.

(3)　南拳

　南拳に要求されることは「力強くて穏健」だが，それは中国武術の中の力の代表種目であり，ちょうど太極拳とは逆である．更に具体的には，下半身の歩法は安定し，上半身の手法は迅速で力強く，多変である（腕の運動変化が比較的多い）．運動過程では，気で以って力を促し，発声で威力を助ける（息を勢いよく吐いたり発声したりするのは，南拳では常にある）．南拳の瞬発力に関しての要求は比較的高く，静止動作では，筋肉は極めて緊張させ，動作の運動時は，両脚で重心をしっかり安定させ，両腕で迅速多変のかわし（技術動作）で攻撃して相手から身を守る．南拳の「動」は疾風暴雨の如く，「静」は竹をスパッと割ったたようで，迅烈，剛建，荒々しい迫力の美を現わす.

(4)　棍術

　棍は長器械の一種で，特徴は振り回す，たたく，刺し上げる，突く，縦回し等である．その風格は，迅速に連続回しで振り下ろす，振り回しながら体を回転させる，気勢は人を追い詰めていくようで，棍を回しはじめるとビュンビュンと風がうなるので，棍は旋風の如しと言われる．棍は武術の中では力の象徴であり，練習では勇猛で頑強さ，凶暴さを怖れず，いつまでも前進し続ける精神が要求される．大きく回す，振り下ろす，払うのは，棍の風格特徴及び形状や性質と切り放せない．なぜなら棍の両端部分は，回す・振り下ろす・払う・たたくだけでなく，払い退ける・さえぎる・支える・押すこともできるし，両端の先で突き下ろしたり，突いたりもできる．棍の迅速勇猛な風格は，人と獣の格闘に始まり，人間同志の戦いの厳しい環境と緊密に結び付いている.

3)　動　　作

(1)　簡化24式太極拳は24の動作からなっている．その中の「雲手」を写真1に示した.

写真1　雲手（簡化二十四式太極拳）

(2) 簡化24式太極拳の「右蹬脚」を写真2に示
  した.

写真2   右蹬脚（簡化二十四式太極拳）

(3) 長拳競技用套路は62の動作からなっている.
  その中の「仆歩穿掌」を写真3に示した.

写真3   仆歩穿掌（長拳競技用套路）

（4）南拳競技用套路は 65 の動作からなっている.
　　その中の「左弓歩衝拳」を写真 4 に示した.

写真 4　左弓歩衝拳（南拳競技用套路）

（5）南拳競技用套路の「右弓歩架橋」を写真 5 に
　　示した.

写真 5　右弓歩架橋（南拳競技用套路）

（6）南拳競技用套路の「左弓歩双虎爪」を写真 6
　　に示した.

写真 6　左弓歩双虎爪（南拳競技用套路）

（7）棍術競技用套路は 50 の動作からなっている.
　その中の「掄棍弓歩背棍」を写真 7 に示した.

写真 7　掄棍弓歩背棍（棍術競技用套路）

（8）棍術競技用套路は 50 の動作からなっている.
　その中の「掄棍旋子」を写真 8 に示した.

写真 8　掄棍旋子（棍術競技用套路）

4）効　　果
（1）　太極拳
　第一にバランスのコントロール力が高まる. な
ぜならば太極拳運動はほとんど全体の運動過程が
一本の脚によって何度も体重の支えを切り換える
ので, それ自体強いバランスコントロールが必要

で, 一本の脚で体重を支えると同時に, 上半身は
また各種動作やかたち等を作らなければならず,
それを含め更にバランスをコントロールするのは
難しい. だから長期的に太極拳を練習すること
は, バランスのコントロールに大きな助けにな
る.

第二に下半身の脚部の筋力が増強される．太極拳の姿勢は，基本的にずっと膝を少し曲げた状態に置かれ，しかも5～6分間ずっと移動しているので，運動中は下半身脚部の負担はたいへん重い．だから長期的に太極拳の練習し続けると，脚部の力の増強に大きな助けになる．

第三に思考集中力が高まる．太極拳動作は一定の順序により編成され成っているし，その動作はずっと運動の変化の中で完成され，運動の継続時間は，少なくとも5分以上か更に長い．このような長時間中，思考はずっと高度な集中を保持し続け，もし途中もしくは最後の段階で一瞬の思考の分散があれば，動作は続けられなくなるか，間違えたり忘れたりしてしまう．つまり太極拳を練習すると，長時間の思考集中に直接的又は間接的に大きな助けになる．

第四に精神的疲労を取り除く．太極拳は体の運動だけではなく，意識を用いて動作の含まれている意味を想像する．このような意識を用いて動作の意味を表現する運動が，本来精神疲労を取り去るのに良い作用があるのは，体を運動すると同時に，意識で以って動作を想像するので，他の悩み等を忘れて，思い煩わしている神経細胞が，自然に良好な休息を得ることができるからである．

第五に，痴呆防止になる．太極拳を学ぶには，先ず動作の順序を覚えなければ，深く入り込むすべがない．覚えるには，初心者にとっては，口で言うほど簡単ではなく，一定の時間を費やす．先ず頭で理解し，それから体を動かす，このような頭を使って記憶するという方法は，痴呆防止に良好な手段である．

第六に，血液循環を高める．太極拳は緩慢で，力を抜いた全身運動であり，このような全身運動は，全身の血液循環を高める．

(2)　長拳

第一に全面的な体力が高まる．長拳は激しい全身型運動であり，動作の中にはスピード，筋力，敏捷性，協調性，柔軟性及び跳躍力，持久力等の要素が含まれている．練習することにより，自己の全体的な体の能力を高めることができる．

第二に運動の協調性が高まる．長拳動作は比較的複雑で，上半身の腕，下半身の脚部や，腰，胸，頭各部すべてに異なる要求があり，しかも動作を作る時，上下半身と身体全体とで調和を取って基本原則通りに行わなければならない．動作は全身の協調性や調和，全体的にスムーズで滑らかであることが要求される．このため長拳の練習は全身の協調性を養うと同時に，運動中の身体感覚能力も養える．

第三に運動量が多く，エネルギー消費量を高めることができる．先ず長拳は，極めて強度の運動であるので，大量に体内の熱量を消耗する特徴がある．長拳独特の動作は，体や腰をねじったり翻したり，伸縮，跳躍，起伏も激しく，素早く蹴る，打つといった動作が多い為，エネルギーを有益に消耗される．

第四に下半身の脚部の筋力が高まる．長拳動作は起伏，跳躍が多く，敏速で素早いことが要求され，しかも素早い運動の中で，サッと急に止まったりする．動作を素早く始めたり，沈んだり，動きの中で急に止まったりする域に達したければ，強い脚部の筋力を備えていなければならない．これらの動作を練習すること自体が，脚部の筋力を鍛錬することであるので，長拳の練習は下半身の筋力を増強することができる．その他精神面や芸術面，技術面の向上にも，大きな助けとなる．辛い長拳の訓練は，人の精神気力を更に強固に養うことができる．そして芸術面は，現在の長拳套路（型）と中国の過去の古典武舞と多く似たところがあり，自己の身体外形を通じて内在の心理感情を表現する．技術面は長拳の中の軸である．なぜなら長拳動作は複雑で，高い協調性が要求され，その中には動作と動作の間をつなぐ技術や運動軌動，キャパシティ，緩緊のコントロール，動作の意味の表現等々を含んでいるので，技術面の占める比率が大きい．

(3)　南拳

人のスピード，筋力を鍛錬するのに明らかな効果がある．南拳の動作は剛健さが要求され，筋は高度な緊張が必要で，しかもそれを持続する時間も，他の拳種に比べて長いので，筋が発達する．もちろん筋の発達と筋力，速度は緊密な結び付きがあり，筋の発達は，力量と速度の向上をもたらす．更に南拳は，極限強度の運動であるので，ス

タミナを鍛錬し，強靭なねばりを養うと同時に，その歴史，風格，特徴を知れば，凶暴な者を恐れず，権力ある者に屈しない強固な精神を養える．

(4) 棍術

第一に上半身の筋力を鍛錬できる．両手或いは片手で棍を握り，素早く横に振り回す，振り下ろす，打つことが要求され，自然に筋肉が緊張し，その素早い動作によって，上半身は良好に鍛錬される．

第二に協調性が鍛錬できる．各種の複雑な棍法は，身体や歩法との調和一致が要求される．このような身体と棍法の調和は，全体の流れがスムーズで且協調されることが要求され，実際これが運動の協調性であり，棍を練習することにより体の協調が養われる．

第三に平衡感覚が鍛錬できる．棍法の動作の中では，頭の上方で棍を回しながら（雲棍）体を旋回する動作が多いが，もし体を回す時重心感覚が悪ければ，体重を支える上で，重心をコントロールすることができず，体がぐらつき不安定になり，重心を失って，足の裏がしっかり地に着いていない印象を人に与える．棍を練習することにより平衡感覚コントロール能力を鍛錬することができ，体重を支える上で，重心をコントロールする正確な感覚を知ることができる．棍術を学習し，棍の歴史や風格を知れば，勝つ勢いに乗って更に追撃する，追い詰め奮戦する，永遠に畏縮しないというような，棍と同じ豪放な性格を養える．

5) 技術要領
(1) 太極拳

太極拳の要領：先ず太極拳の風格や特徴に従った基礎の上で，その要領を掌握する．太極拳の運動時は，意を用いて力を用いず，身体は自然に緩め放すことが要求され，ここでは主に上半身の筋肉をのびやかに緩めることで，緊張してはいけない．意識で以って動作の形を想像するのは，例えば太極拳の中の「雲手」の動作は，雲が柔らかにゆっくりと連綿と移動していく様子と同じである．

動作の含意：例えば「摟膝拗歩」の含意は，一つの手はさながら相手の拳を払って，もう一つの手で相手を押すようにするのである．速度が均一的で緩慢，小川の流水のように，悠々連綿と絶えることないように…

重心の虚実をはっきりと：主に重心の支えを指すが，太極拳の運動要求は，終始一本の脚で重心を支え，もう一本は「虚」となる．体重を支える脚を「実」，その逆が「虚」である．太極拳の運動は普通，速度は平穏で均一的，突然遅くなったり早くなったり，高くなったり低くなったりしてはいけない（陳式太極拳以外）．太極拳では重心はずっと移動の状態に置かれ，両脚の間にあることは滅多になく，常に一本の脚で重心を支え，虚実の変換をしている．

運動路線：太極拳の運動路線は弧線を重んじ，直線運動はない．すべての動作は弧を描き，円を描く過程が必要である．太極拳の理論では，柔が剛に勝ち，柔勁は剛力に打ち勝つことを説き，弧線は柔の特徴を表現しやすい為，柔は太極拳の中では極めて重要である．

(2) 長拳

全身運動であり，身体各方面の要求はすべて比較的高く，その中には高度な身体の協調性や動作が素早く円滑であることが含まれる．練習を行うには先ず一定のスピードを備えることだ．スピードがあるという前提で，始めて素早い動作がつくりやすくなる．長拳の中の動作は，往々にして比較的複雑で，上下半身運動あり，前後左右方向の運動もあり，動作過程では上下半身の調和を注意するだけでなく，左右の手足を相互に同時に配慮しなければならない．調和が少しでも協調されなければ，運動過程でもたもたし，中断して流れない．このため，初心者は先ず動作の運動路線や身体部位の移動の前後の順序をはっきりさせ，動作は初期はゆっくりを主に，ゆっくりからだんだん速くしていき，徐々に順序に従って進めば，最後に動作は円滑でスムーズになる．動作をマスターする過程では，反作用や加速等の一連の技巧を利用する．そして長拳の停止動作は全身の協調が要求され，すべてがピタリと止まり，身体の一部分が停止したら，他の部分も動いたり移動してはいけない．手足，身体，目の，一つが停止すれば全部止まって，移動はあってはならず，一様に整っ

て，歯切れ良く行う．

(3)　南拳

拳術の中で剛性の種目であるので，風格からみれば，剛健でたくましいことが要求される．技術要領では，動作をつくる時に下半身がしっかり固まり，強固であることが要求される．上半身の手法は力強く，素早く，多変で，南拳の大部分の拳・掌は，主に腰或いは胸前から出し，出した拳・掌は一瞬の高度な緊張を保ち，それは堅固で崩すことができない位である．

素早く打ち，直線的に攻めるのは南拳の特徴であるし，技術要領でもある．その意味は，最も早く，最も短い距離で相手の中心の弱点を攻撃し，逆に自己の同じ部分を，最も早く，最も短い距離とスピードで自己防衛する．同時に南拳の素早い剛勁な運動の中には，一定のリズムを保ちながら，動作連続時は絶え間ない爆竹のような差し迫る素早さで，停止動作の時は竹をスパッと割ったように剛健で歯切れ良く，動作の気勢及び発力度を加える．このため，始終発声したり気を吐いたりして，その威力を増し勢いづけをし，長拳と同じく停止動作の時は全身を整え，手，体，足，目は停止する場合は，すべてをピタリと静止し，気勢は人を追い詰めるように，鋭気は阻められない程の迫力が要求される．

(4)　棍術

初めて棍を練習する時，空手（素手）よりも更に把握しにくいようだ．手中には長い器械が加わり，もし空手ならば手腕と身体，下半身との調和だけでいいが，棍を持つと棍と身体の調和が必要になる．棍は一定の長さがあり，運動時は各種の棍法動作をし，もし身体との調和が悪ければ，動作の協調性や滑らかさもつくり出せない．棍を練習する時，中国では棍は手腕の延長であると言われているが，この点ができるようになれば，比較的容易に棍の要領が把握できる．

先ず棍には多くの棍法があるが，しかし大体下記の他はない．左右横掃：左右に振り回す，平雲棍：頭上で素早く横回しする，上下撩：下から上へ横8の字に縦回し（斜めのもある），振り下ろす（斜めのもある），舞花：左右縦回し，戳棍，

点棍：前後左右方に突く．

棍術を学ぶには先ず学んだ動作は，棍法のどれに属するかを知れば，比較的はっきりした概念ができる．身体と棍の調和は，時々集中力が完全に棍の方に注意してしまい，身体との調和を忘れてしまう．例えば「左横掃棍」は，棍を左方に横払いするだけでなく，身体は左に回さなければならないが，これを身体と器械の調和と呼ぶが，更に腰を軸に腰の回転で棍も付いていくのだが，このように行うことの良い点は，身体と器械が協調され，動作が滑らかになると同時に，身体と器械の同方向の勢いを利用して加速する等，このような技術要領の原則は守るべきである．更に棍の動作の中には多くの「雲棍」があり体の回転動作と調和させ，しかも体の回転後に突然静止したりするが，このような回転中の平衡コントロールと突然の静止動作は，初心者には把握しがたい動作だが，要領としては，回転の過程で重心は必ず，自己を支えている中心部から離さず，突然静止した後の動作をきめた時，勁力を身体各部位の末端まで伝えることが非常にキーポイントとなる．

6)　練習方法

武術に属する太極拳，長拳，南拳，棍術の基本功には，手型，身型，歩型，手法，身法，歩法，脚法及び眼法，棍法がある．棍は空手の基礎の上に，棍法と結び付き構成された各種の動作である．武術の練習方法はたくさんあるが，すべては身体素質と専門種目技術の素質を高めるのに外ならない．武術基本功と専門種目技術の訓練については，武術練習は普通は先ず基本功から始める．武術基本功の中には全体的な身体能力，例えば柔軟，協調，スピード，筋力，跳躍力，敏捷さ等が含まれ，初心者としてはすぐに以上の全部の要求に達することは不可能だから，順を追って漸進する方法が比較的良い．例えば先ず柔軟から開始し，柔軟練習の基礎の上で，筋力増強の練習を行い，このようにすれば順を追って効果を達することができる．また，初心者は練習内容が突然多くなり過ぎることなく，身体の受ける負担を軽くすることができる．武術基本功の練習は，本来武術専門技術素質の増強の意義を持ち，基本功の練習方法も同じで，順を追って漸進する原則を守り，

先に形を，後に動きを練習，先ずゆっくりと，後に速くする．更に具体的に言えば，動作の造型規格を正確にすることが要求され，正確な動作定型の形成の反復練習を経て，動作定型の基礎の上に，集中力を動作運動に移すことに重きを置き，運動中は先ずゆっくりすることが要求され，動作が緩慢であれば，初心者には動作の全過程（始点―過程―終点）がはっきりわかる．それから反復練習を経ていけば，動作の運動過程と始終が正確に把握することができる．棍も同様で，先ず動作造型規格が正確であることが要求され，その基礎の上で，ゆっくりから速くしていき，徹底的に棍法の要求及び棍と身体の調和を（棍の握り方から運動路線まで）はっきりさせて，それから反復練習を行い，最後に正確な動作の定型を形成していくのだが，これが武術練習の最も基本的な方法と言える．

7) 武術用語

徒手　両手には何も武器を持たない拳術．

器械　武術の中の兵器（武器）

長器械　棍，槍，大刀

短器械　剣，刀，鈎

套路　一連の動作がつながった，最初から最後までの動作の全過程を「套」，動作が進んでいく方向を「路」といい，動作の開始に「起式」，終了に「収式」があるものを「套路」と呼ぶ．

8) 授業展開例

第1回　中国武術について（DVD視聴により中国武術のイメージをつかむ）

第2回　五歩綜合拳（並歩抱拳・馬歩劈拳・弓歩冲拳・弾腿冲拳・馬歩架拳）

第3回　五歩綜合拳（歇歩冲拳・提膝穿掌・仆歩穿掌・虚歩挑掌）

第4回　五歩綜合拳（輪臂砸拳・烏龍盤打・輪臂砸拳・弓歩亮掌・並歩抱拳）

第5回　五歩綜合拳（並歩抱拳・馬歩劈拳・弓歩冲拳・弾腿冲拳・馬歩架拳）

第6回　五歩綜合拳（歇歩冲拳・提膝穿掌・仆歩穿掌・虚歩挑掌）

第7回　五歩綜合拳（輪臂砸拳・烏龍盤打・輪臂砸拳・弓歩亮掌・並歩抱拳）

第8回　五歩綜合拳のテスト

第9回　棍術の基本（劈棍・戳棍・崩棍・点棍・戳把・摔棍）

第10回　棍術の基本（絞棍・抜棍・挑棍）

第11回　棍術の基本（舞花棍・提撩棍・点摔棍）

第12回　棍術の基本（抡背棍・雲抜棍）

第13回　棍術の基本（対棍・正面撃・側面撃・換把撃・換位撃）

第14回　棍術の基本（全体の復習）

第15回　棍術のテスト

＜引用・参考文献＞

1) 張成忠「簡化24式太極拳」1990
2) 中国武術研究院編「競技用規定武術」ベースボール・マガジン社，1990
3) 中国武術研究院編「競技用規定太極拳」ベースボール・マガジン社，1989

7. ニュースポーツ ～室内～

1) 歴　史

　ニュースポーツという表現から，直訳して歴史が浅い新しいスポーツであると理解されることがある．しかし，確かに新しく考案された種目も多いが，全てが新しいスポーツという訳ではない．なかには長い歴史を持つスポーツ種目が含まれている．次項で説明する共通の特性を有するスポーツ種目がニュースポーツの枠組みに含まれる．それぞれの種目で歴史は異なる．

2) 特　性

　ニュースポーツの定義はいくつか示されているが「必ずしも歴史が浅いということではなく競技中心に発展してきた近代スポーツとは異なる新しい考え方のもとに発展してきたスポーツ」と理解することができる．競技スポーツと異なる点として，勝利にあまりこだわらないことや，いつでも・誰でも（性別，年齢，体力水準，障害の有無に関係なく）手軽にできること，そして楽しむことができることなどが挙げられ，これらがニュースポーツの共通の特性である．

　ニュースポーツの実践と健康づくりとの関係を考えると（図1），ニュースポーツで体を動かすことにより適度な運動であることから身体的に良好な状態が保たれる．また，楽しむことにより精神的に良好な状態が得られる．さらに，ニュース

〔WHO:World Health Organization，世界保健機関〕

図1　ニュースポーツの実践と健康との関係
（村瀬「健康スポーツと環境」不昧堂出版，p.131, 2006）

ポーツ活動に参加することにより地域での交流や新しい人との出会いの機会が増え社会的に良好な状態を築くことが可能になる．

3) ルール・基本技術・用語

　ニュースポーツには，既存の競技スポーツのルールや技術，またコートなどを利用して実施できる種目が多い．習得すべき技術も簡単なものが多く初心者でもすぐにゲームが楽しめる．以下に，数多く考案されているニュースポーツのなかから，室内でも実施可能なニュースポーツをいくつか示して，種目ごとに主なルール・基本技術・用語などについて解説する．

(1)　フライングディスク

　フライングディスクは1940年代後半に米国でパイの焼き皿を投げあったことが発祥とされるスポーツであり，プラスティック製の円盤を使って行うスポーツの総称（愛称として使われている「フリスビー」は登録商標）である．世界大会も開催され競技化が進む一方で公認種目が11種目あり楽しみ方が多様であることから，ニュースポーツとしても実践されている．

　ルールは種目により様々である．国内でも普及しているディスクゴルフ，公認種目ではないが柔らかいディスクを使ってゲームを楽しむことができるディスクドッヂ（ドッヂビー），ソフトアルティメット，ゴールドッヂのルールや基本技術などは以下に種目ごとに紹介する．ここでは，フライングディスクに共通する基本的な投げ方であるバックハンドスロー，フォアハンドスロー，アップサイドダウンスローの3種類の投げ方を解説する．基本的な投げ方を習得し各種目のルールを理解すれば，ディスクを使ったニュースポーツの実践が可能になる．

①バックハンドスロー

　最も簡単な投げ方である．グリップ（ディスクの持ち方）は，親指をディスクのトップに，人差

図2 バックハンドスロー

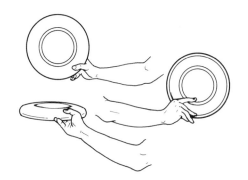

図3 フォアハンドスローのディスクの握り方

図4 アップサイドダウンスロー

し指は（特に初心者はディスクを安定させるため）ディスクの側面（アウターリム）に添え，残りの指をディスクの裏側（ボトム）にしてディスクを握る．立ち方は，腕だけの負担が大きくならないように基本は目標に対して横向きに立つ．テイクバックの時に後方の脚に重心を移し次に前方の脚に重心を移動してディスクを投げる．全ての投げ方に共通するポイントがディスクに回転を与えることである．つまり，手首を素早く振ること（スナップ）によりディスクに回転を与え，スト

レートは地面に対してディスクを水平にして投げる．

②フォアハンドスロー

ディスクを図3のように握る．利き手側を後方にして目標に対して身体の前面を少し開いて立つのが基本である．腕を大きく伸ばすテイクバックは行わず，手首を十分に身体と反対側の後方に曲げて体重を前足に移動しながら，上半身を回転させスイングし，リリースは手首を鋭くまわしてスナップを使いディスクを回転させる．初心者は地面に対してディスクを水平にして投げてもカーブすることが多いため，その場合はディスクの外側を少し下に傾けて投げる．

③アップサイドダウンスロー

低い軌道で投げるバックハンドスローとフォアハンドスローとは違い，アップサイドダウンスローは前面のディスクゴルフにおける障害物やアルティメットのディフェンスをよけて山なりの軌道でディスクを投げる投げ方である．グリップはフォアハンドスローと同じである．図4のようにスタンスをとり，ディスクを肩に担ぐようにして構え，ディスクは上下逆にして地面に対して約45度になるようにして投げ出す．手首のスナップによりディスクに回転を与える．

(2) ディスクゴルフ

ディスクゴルフは，林間で立ち木やウォーターハザードなどがあるコースでチェーンのついたディスクゴルフ専用のゴール（図5）にプラスティック製のディスクを入れるまでの投数を競う競技である．平坦なグラウンドや室内で行う場合は，人工的な障害物（ネットやゴールなど）を置いてコースを作ることもできる．基本技術は，フライ

ングディスクの項で説明した基本的な3つの投げ方ができればゲームを楽しめる．もともと障害物が多い条件でゲームを行うため，ディスクをストレートで投げるよりは障害物をよけるカーブスローを利用してアプローチすることも多い．ディスクゴルフでは，空中に障害物がある場合にディスクを転がすローラーという技術も使われる．ゲームではディスクゴルフ専用のディスクがあれば，投距離に応じて毎回違うディスクを使うことができる．投げる位置を示すマーカーディスクやスコアカードが必要である．

図5　ディスクゴルフ専用のゴール（筆者撮影）

（3）　アルティメット

　アルティメットは，公認種目では両端にエンドゾーンを持つ競技場（図6）で2チームに分かれて対戦し，ディスクを空中にパスして進ませ，相手のエンドゾーンで味方がキャッチすれば得点と

なる得点を競う競技である．基本技術は，フライングディスクの項で説明した基本的な3つの投げ方ができればゲームを楽しめる．ゲームはディフェンスチームのスローオフで始まり，オフェンスチームがディスクをキャッチまたはディスクを拾ってゲームが始まる．主なルールとして，トラベリング（ディスクを持って歩かない），ストーリング・アウト（ディスクを10秒以上持ち続けない），ダブルチーム（2人以上でスローワーを取り囲まない）などがある．広い場所が確保できない場合や室内では，コートを小さくしたミニアルティメットや柔らかいディスクを使うソフトアルティメットのゲームを楽しむことができる．ミニアルティメットやソフトアルティメットでは，バスケットボールやハンドボールコートのラインを利用して1チーム5名程度でゲームを行うことができる．アルティメット競技の特徴として，公認種目の試合においても審判はいないためセルフジャッジでゲームが行われることが挙げられる．また，ディスクを使ったフライングディスクのゲームの中では比較的運動強度が高く運動量も多いのが特徴である．

（4）　ディスクドッヂ

　ドッジボールのルールをもとに開発された柔らかいディスク（ドッヂビーディスク）を当てあうゲームがディスクドッヂ（以前はドッヂビーと呼ばれていた）である．ドッジボールにおける「痛い・怖い・取りにくい」といった点は，ディスクドッヂでは，柔らかいディスクを使うため当たってもあまり痛くなく恐怖感も小さい．また，ボールは円形であるため取り方が難しい場合もあるが，ディスクドッヂのディスクは柔らかく変形し

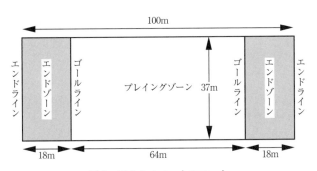

図6　アルティメットのコート

図7　ドッヂビーディスク（筆者撮影）

やすいため，比較的簡単に色々な方法でキャッチできる．基本技術は，フライングディスクの項で説明した基本的な3つの投げ方ができればゲームを楽しめる．競技コートはバレーボールコートと同じ広さであるため，バレーボールコートのラインがあれば，それを利用できる（外野に外枠の制限は設けない）．

　使用するディスクは直径270 mm の柔らかいディスク（図7右）で，技能レベルに応じ1枚だけではなく2枚のディスクを同時に使ってゲームを楽しむことも可能である．公式試合では出場プレーヤー数が13名である．ゲーム開始の前に各チームは内野・外野共に1名以上を配置する．決められた時間内（通常10分以内）に相手チームの全ての内野プレーヤーを当てて0名にしたチームまたはゲーム終了後により多くのプレーヤーが内野に残っているチームを勝者とする．

　ドッジボールをしたことがあれば応用できるルールが多い．主なルールとして，ディスクをキャッチしたら5秒以内に投げなければならない，同時キャッチの場合は直前にディスクに触れたプレーヤーの相手チームのディスクになるなどがある．特にボールと違ってディスクがライン上で止まることがあり，その場合はディスクを投げたまたは最後に触ったプレーヤーの相手チームにディスクの所有権が与えられる（その他の詳しいルールは参考図書を参照のこと）．

(5)　ゴールドッヂ

　ハンドボールのルールを参考に柔らかいディスクをゴールに投げ入れて得点を競うゲームである．ディスクドッヂと異なり味方同士でパスをつなぎながら前に進みゴールを狙う．基本技術は，フライングディスクの項で説明した基本的な投げ

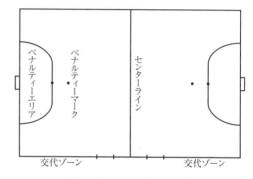

図8　ゴールドッヂのコート

方ができればゲームを楽しめる．競技コートはハンドボールコートと同じ大きさで，ラインなどもそのまま利用できる（図8）．出場プレーヤー数は5名で，ユニフォームやビブスなどでチームがわかりやすいようにする．ゴールキーパーは1名必要でペナルティエリア内にとどまる選手となるが，フィールドプレーヤーは誰でも何度でもゴールキーパーを交替することができる．ゲームの開始は，センターライン中央から攻撃側のパス（スローオフ）により開始する．全てのプレーヤーはスローオフされるまでセンターラインを越えることができない．試合時間は前後半各15分以内で1ゴール決めるごとに1点獲得する．攻撃側のパスおよびキャッチミスや守備側のプレーヤーがインターセプトした場合，またディスクがアウト・オブ・バウンズに出た場合はターンオーバーになる（ディスクの所有権が移る）．ペナルティスローは，ディフェンス・チャージやダブルチームなどのファールが起きた時に1投与えられる．ペナルティスローは，ペナルティエリアの外側直近にあるペナルティマークを必ず片足で踏み，助走することなく，バックハンドまたはフォアハンドスローで行う．

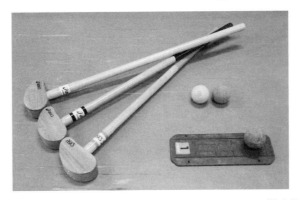

図9　グラウンドゴルフのクラブ，ボール，スタートマット（筆者撮影）

(6)　グラウンドゴルフ

　鳥取県東伯郡泊村（現湯梨浜町）でゴルフの用具とルールを参考にして考案されたニュースポーツである．新聞やテレビなどで紹介され全国的に普及した．高度な技術を必要としないため小学生，高齢者，車いすを使う障害者などが一緒に楽しむことができる．通常はグラウンドなどにコースを作るが平坦な広いスペースが確保できれば室内でも実施できる．ただし，ボールが硬いため体育館などの室内では硬式テニスボールなどを代用するなど工夫が必要である．必要な用具は，専用のホールポストの他，クラブ，ボール，スタートマット（図9）が必要である．ホールポストに入りボールが静止する（「トマリ」と呼ぶ）までの打数を競う．他のゴルフ型のニュースポーツと違うルールとして，ホールインワンをすると合計打数から3打マイナスになるというルールがあり，打数に差がついても動機づけが落ちないような工夫がなされている．

(7)　ターゲットバードゴルフ

　埼玉県川口市で学校のグラウンドのような狭いスペースでもゴルフが楽しめるようにボールとターゲットを工夫して考案されたニュースポーツである．体育館など室内にコースを作り実施することもできる．基本技術はゴルフのアプローチと共通しておりゴルフの練習としても実践できる．用具には，合成樹脂製の羽のついたボールや傘を上下逆にしたようなアドバンテージホールとセカンドホール（図10），スイングマット（人工芝マット）が必要で，クラブはゴルフクラブを利用で

図10　ターゲットバードゴルフのボールとホール（筆者撮影）

きる．アドバンテージホールにボールを高くふわりと打ち上げて入れるようにする．ゴルフ未経験者には少し難しく基本練習が必要である．必ずスイングマットを使いグラウンドや床を傷つけないように注意する．アドバンテージホールではなく，セカンドホールのフープ内にボールが入った場合はホールインとして，それまでの打数に1打加える．

(8)　室内ペタンク

　屋外で行うペタンクとルールは同じであるが，室内でも楽しめるように柔らかい特殊なボールを開発し床を傷つけることがないように工夫された

ニュースポーツである．標的球に向かって2チーム（2名）が，それぞれ赤と青のボールを投げあい，標的球のより近くにボールを近づけることにより得点を競うゲームである．通常2チーム（2名）で12個のボールを分けてプレイする（2名ならば1人6個，6名ならば1人2個）．用具には，標的球，ボール（2色），送球サークル（図11）が必要である．基本技術として，投球はアンダースローで行う．ボールを逆回転させることや投げる方向などの調節により到達位置が変わってくる．標的球や相手のボールに当てることが許されており，常に大逆転の可能性があるようにルールが工夫されている．投球順序には決まりがあり（標的球から遠いチームが先に投球），13点先取で勝敗を決定する．

(9)　インディアカ

ブラジルの伝統的な「ペテカ」という遊びが改良されて考案されたものである．インディアカと呼ばれる羽のついたボール（図12）を肘から指先までの部位（主に手のひら）で打ち合うバレーボールに似たスポーツである．バドミントンのダブルスのコートのラインとネットを使うことができる．ネットの高さは1.85 m〜2.25 mであるが，初心者は技能レベルに応じて調節して練習することもできる．1チームは4名で構成され，コート右半分後方からアンダーハンドによるサービスでゲームを始める．インディアカが床に落ちた場合やコート外のボールなどに触れるかネットの下を通過した場合などにポイントが入る．主なファウルには，ドリブル（同じプレーヤーが2回続けてインディアカに触れる），ホールディング（イン

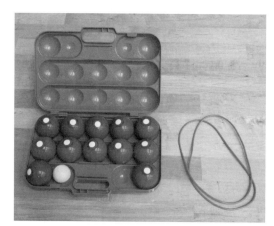

図11　室内ペタンクの標的球，ボール，送球
　　　サークル（筆者撮影）

図12　インディアカの羽のついたボール（筆者撮影）

図13　ソフトバレーボールとバレーボール（筆者撮影）

ディアカを握るまたは静止させる），アンタッチ（肘から下の部分以外で打つ）などがある．通常11点先取でゲームを行い．競技スポーツとしても普及しており，高度な技術を習得すると奥の深いスポーツである．

（10）　ソフトバレーボール

　軽く柔らかいボール（図13左）を使うバレーボール型のニュースポーツである．バドミントンのダブルスのコートのラインとネットを使うことができる．ネットの高さは2mである．基本技術であるパスが簡単で初心者も楽しめる．1チーム4名で通常1セット15点のラリーポイント制3セットマッチで勝敗を決める．ゲームはエンドライン後方のサービスゾーン内から打たれたサービスで始まる．サービスはサービス権を得た時にローテーション（右回り）をして，後方の右側に位置した選手が打つ．ルールは基本的に6人制バレーボールに準じている．

（11）　バウンドテニス

　バウンドテニスは，オリンピックのレスリング種目の金メダリストによって，テニス，スカッシュ，ラケットボールを参考に日本で考案されたニュースポーツである．「バウンド」とは「限られたスペース」（boundary）から付けられた名称で，テニスコートの6分の1の広さ（幅3m×長さ10m）のコートでゲームを楽しむことができる．テニスラケットより柄が短い小型のラケット（図14）を使い，手のひらで打つような感覚なので初心者でも簡単にボールを打てる．ボール（図14）は直径57mmの少し硬めのボールであるがネットの高さは50cmで高くない．シングルスとダブ

ルスの両方でゲームをすることができる．アンダーハンド（腰の高さより下）によるサービスでゲームを始める．ルールとして，サーバーがラケットでボールを打つまでコートに入ってはいけない．また，サービスはワンバウンドしてから打つ．その他のラリーはノーバウンドで打ってもよい．ダブルスでは4人が交互に打球しなければならない．4ポイント先取の1ゲームごとにコートをチェンジする．通常9ゲーム制により5ゲーム先取で勝ちとなる．

（12）　ラージボール卓球

　普通の卓球のボールを一回り大きくしたオレンジ色の直径44mm重さ2.2gのボール（図15右）とボールが変化しにくい表ソフトラバーを張ったラケットを使い，普通の卓球よりも2cm高いネットでゲームを楽しむ新しい卓球である．ボールが高く弾み打球のスピードも遅いためラリーが続き，初心者でも手軽に楽しむことができる．テーブルは普通の卓球台を利用する．3ゲーム制により2ゲーム先取で勝ちとなる（1ゲームは9点先取）．ただし，8対8になった時は以後2点連続して得点した方が勝ちとなる（11点まで）．1ゲームごとにエンドを交替する．サービス（自分のコートにバウンドさせて次いでネットを越えて相手コートにバウンドさせる）は2ポイントごとに交替するが，8対8になった時は以後1ポイントごとにサービスを交替する．

図15　普通の卓球ボールとラージボール（筆者撮影）

（13）　ピロポロ

　枕（ピロ）のような柔らかい素材のスティックとスポンジボール（図16）を使いボールを打ちゴールを狙うホッケー型のニュースポーツである．グラウンドや体育館内で最大30m×20mの

図14　バウンドテニスのラケットとボール（筆者撮影）

図16　スティックとボール（筆者撮影）

コートを作りゲームを楽しむことができる．用具は，スティックとボールの他，ゴールが必要である．1チームは6名で構成しユニフォームやビブスなどでチームがわかりやすいようにする．ゲームは，審判がセンターポイント内にボールを落とすこと（フェイスオフ）により各チームの代表がボールを取り合って始める．通常3点先取で1セット終了しコートチェンジをして2セット先取したチームが勝ちとなる．選手交代は自由に何回も可能である．色々なファウルがある．宙に浮いたボールを地面に落とさずに打ってはいけない．スティック以外（足など）で意識的にボールを操作してはいけない．特にスティックを腰より上に振り上げてショットすると危険であるため十分に注意すべきである．比較的運動強度が高く運動量も多いのが特徴である．

4）授業展開例
第1回　ニュースポーツの特性の理解
第2回　フライングディスクにおける基本技能（投げ方など）の習得
第3回　ディスクゴルフの基本技能の習得
第4回　ディスクドッヂの基本技能の習得
第5回　アルティメットの基本技能の習得

第6回　ゴールドッヂの基本技能の習得
第7回　グラウンドゴルフの基本技能の習得
第8回　ターゲットバードゴルフの基本技能の習得
第9回　室内ペタンクの基本技能の習得
第10回　インディアカの基本技能の習得
第11回　ソフトバレーボールの基本技能の習得
第12回　バウンドテニスの基本技能の習得
第13回　ラージボール卓球の基本技能の習得
第14回　ピロポロの基本技能の習得
第15回　ニュースポーツの創作・提案と総合評価

＜引用・参考文献＞
1) 出村慎一，村瀬智彦「健康・スポーツ科学入門［改訂版］」大修館書店，2010.
2) 前山　亨（監修）「小学生熱中！ニュースポーツ事典」明治図書，2006.
3) 松原大輔（編）「ドッヂビー公式ガイド」英和出版社，2008.
4) 庄司節子（編著），秦　真人，村瀬智彦「健康スポーツと環境」不昧堂出版，2006.
5) 清水良隆，紺野　晃（編）「ニュースポーツ百科［新訂版］」大修館書店，1997.

8. クリエイティブスポーツ

1) クリエイティブスポーツとは？

クリエイティブスポーツとは，新たなスポーツゲームを創造して開発することである．そのためには，これまでに考案されてきたさまざまな既存のスポーツゲームを体験して，そのスポーツのもつ特色と特徴を理解し，そのスポーツゲームがもっている面白さを知ることが必要である．

2) さまざまなスポーツゲームの体験

したがって，まず，これまでの既存のネット型（インディアカ，ラケットインディアカ，ビーチバレーボール，ソフトバレーボール，レクレーションバレーボール，バレーボール，ショートテニス，ソフトテニス，バドミントン，卓上テニス，ピンポン，卓球），ベースボール型（キックベースボール，ティーボール，タウンボール，スローピッチソフトボール，ファーストピッチソフトボール，ベースボール），ゴール型（アルティメット，ピロポロ，ポートボール，バスケットボール，ハンドボール，フットサル，ラクロス，ホッケー），ゴルフ型（ターゲットバードゴルフ，グランドゴルフ，パターゴルフ）などのさまざまなスポーツゲームを体験する．

3) 新たなスポーツゲームづくりと最優秀スポーツゲームの選考

その体験からさまざまなスポーツゲームの楽しさや面白さを知り，みんなが楽しめる新たなスポーツを創造して作り上げる．作ったスポーツゲームをグループのみんなにプレゼンによって提案する．グループ内の各個人が提案したスポーツゲームからみんなが実際に実施して楽しく面白いと思えるスポーツゲームを全員で選考し，最優秀スポーツゲームを決定する．

4) 最優秀スポーツゲームの実践と改良

決定されたスポーツゲームを実践し，その体験からみんなの意見によって，さらに，改良を加え
て，より楽しくより面白いスポーツゲームとし，再度実践する．

5) 終了レポートの作成

この授業を通して体得したスポーツゲームの楽しさや面白さを盛り込んだ究極のスポーツゲームを考案し，レポートにまとめる．

6) 授業の進め方

第1回　オリエンテーション（授業の進め方，グルーピング，役割分担等）

第2回　ネット型スポーツ (1) インディアカ，ラケットインディアカ

ラケットインディアカは，インディアカと同じコート，ネット高，ルールでショートテニス用の短いラケットでプレーをする．

第3回　ネット型スポーツ (2) ソフトバレーボール，レクレーションバレーボール

ソフトバレーもレクレーションバレーもバドミントンコートを用い2mのネット高で4人1組にて4対4で通常のバレーボールを行う（本来のレクレーションバレーボールとは異なる）．ボールはソフトバレーは大きめのゴム製（周囲77〜79 cm，重さ200〜220 g）を用い，レクレーションバレーは，レクレーションバレー協会のボール（通常のバレーボールより柔らかい）を用いる．

第4回　ネット型スポーツ (3) バレーボール，ショートテニス

バレーボールは，6人制もしくは9人制バレーボールを通常のルールにて行う．ショートテニスは，バドミントンコートを用い約1mの高さでネットを張る．ボールはスポンジボールを用い，ショートテニス用の短いラケットでテニスをするが，サーブはアンダーハンドサーブのみでボレー無しのテニスゲームを1ゲーム4ポイント先取で行う．

第5回　ネット型スポーツ (4) ソフトテニス，バドミントン

ソフトテニスは，バドミントンコートを用い約1mの高さでネットを張る．ボールは柔らかい室内用テニスボールを用いてショートテニス用の短いラケットでテニスをするが，サーブはアンダーハンドサーブのみである．ボレーありのテニスゲームとし1ゲーム4ポイント先取で行う．バドミントンは，通常のバドミントンコートで通常のルールにて行う．

第6回　ネット型スポーツ (5) 卓上テニス，ピンポン，卓球

卓上テニスは，通常の卓球台を2台縦列に並べ，約30cmの高さにネットを張る．ボールは室内用テニスボールを用いてショートテニス用の短いラケットで卓上でテニスをするが，サーブは自コートにワンバウンドさせて相手コートに入れ，ボレーなしのゲームであり，1ゲーム4ポイント先取で行う．ピンポンは，通常の卓球台を用いて通常の卓球のルールでボールは44mmのラージボールを用い，ラバーなしの木のラケットにて1ゲーム11ポイント先取にて行う．卓球は，40mmの通常のボールを用いて通常の卓球のルールにて1ゲーム11ポイント先取にて行う．

第7回　ベース型スポーツ (1) キックベースボール，ティーボール

キックベースボールは，レクレーションバレーボールを用いて通常のダイヤモンドにて投手が手で転がしたボールを打者が足にてキックして飛ばし，ベースボールを行う．

ティーボールは，ティー台にボール（12インチのポリウレタン製ティーボールを使用）を置いてそれをバット（ポリウレタンとグラスファイバー製のティーボール用バット）で打つことによりベースボールを行う．

第8回　ベース型スポーツ (2) スロー＆ファーストピッチソフトボール

学校体育用のスローピッチルール（投手はスタンダード投法だけで山なりのボールを投球する．ストライクゾーンは肩から膝頭の底部．バントと死球なし，四球と三振あり．盗塁，スライディング禁止．）にてスローピッチソフトボールを行う．ファーストピッチソフトボールは，通常のファーストピッチにてソフトボールを行う．

第9回　ゴール型 (1) アルティメット，ピロポロ

アルティメットは，フライングディスクを使ってアメリカンフットボールのようにエンドゾーンへ空中でディスクをパスして持ち込むゲームである．ピロポロは，スポンジボールと柔らかいスティックを使って相手ゴールにボールを入れる陸上ホッケーのようなゲームである（危険防止のため空中でのボール打球や腰より上にスティックを振り上げることは禁止である）．

第10回　ゴール型 (2) ポートボール，バスケットボール

通常のポートボールとバスケットボールを行う．

第11回　ゴルフ型 (1) ターゲットバードゴルフ，グランドゴルフ

ターゲットバードゴルフもグランドゴルフも室内でも実施可能なゴルフ型のスポーツである．ターゲットバードゴルフは，羽のついた合成樹脂製のボールを傘を反対にしたアドバンテージホールとセカンドホールを狙って最低打数を競う．グランドゴルフは，ホールポストの中にボールを最低打数（ホールインワンは−3打となる）で入れるパターゲームである．

第12回　新たなスポーツゲームの創作活動

第13回　クリエイティブスポーツゲームの実践と改良 (1)

第14回　クリエイティブスポーツゲームの実践と改良 (2)

第15回　まとめ，終了レポート作成，授業評価

9. カンフー体操

1) 歴 史

　カンフー体操は中国武術である．中国武術には何百種類もの拳法があり，その１つに長拳がある．カンフー体操はその長拳の基本動作で構成されたものであり，長拳の最も簡単な動作を入れ，初心者向け長拳として制定されたものである（中国武術の歴史，長拳については第３章の６参照）．1995年，日本武術太極拳連盟は，長拳を日本国内でより広く普及させるため，アジア武術連盟に対して「普及のための練習用の型・演武用の型」を新たに編纂することを提案した．これを受けてアジア武術連盟技術委員会は「カンフー体操１」，「カンフー体操２」，「入門長拳」，「初級長拳」の４種類の套路（型）を編纂した．1996年，日本武術太極拳連盟はこれら４種類の套路を含めた教材ビデオ『普及用長拳』を製作し，その後，その『普及用長拳』による青少年向けの教室や講習会が全国で開催され，愛好者が着実に増加する状況となってきた．

2) 特 性

　カンフー体操は初心者が長拳を習得する際，初めに学ぶべき基本動作が集約されたものである．そのため，難易度が高く複雑な動作が多い伝統的な本来の長拳と比べ，動作がかなり簡素化されており，初心者にも学びやすいのが特徴である．このカンフー体操には「カンフー体操１」及び「カンフー体操２」の２つの套路がある．

3) 用語の解説

勁　力：種目によって要求される勁力の質と量は異なるが，意識的に身体の内から導きだされる武術動作中の力を指し，套路全体を通じた勁力の"充足"や各動作の勁力の順調な"運用"及び正確な"力点"などのことをいう．

協　調：動作によって要求される身体の動きは異なるが，意識と動作，腰を主軸とした上肢と下肢，身体と器械などの運動の調和を指し，手法，眼法，身法，歩法（器械）などが互いに相伴い協調一致していることをいう．

精　神：表演における精神の安定した発揮と意識の集中を指し，套路全体を貫く"活力"や，動作を導く"意念"などのことをいう．

リズム：動作速度の円滑ではっきりとした配分を指し，快と慢，動と静，停止などの套路中のリズムのことをいう．

速　度：太極拳の種目における節奏を指し，各伝統流派や套路内容により速度は異なるが，おしなべて速すぎたり遅すぎたりせず，一定の速さで動作が協調されバランスのよいものを適度な速さという．

風　格：武術の伝統的な風格と，選手個人の風格とがあり，それぞれの特徴や個性が充分正しく反映されていることを風格の突出という．

内　容：套路の技術内容を指し，各種の技法が偏ることなく充分に盛り込まれており，難度の高い動作も適切に含まれていることを内容の充実という．

構　成：套路の組合せや，動作のつなぎなどの排列を指し，変化が多様で円滑にまとめられていることを構成の合理という．

配　置：コートの活用を指し，運動の範囲が一方に偏ることなく全面を有効に使っていることをバランスのとれた配置という．

4) 中国武術の基本功

(1) 抱拳礼

　「抱拳礼」は中国武術の挨拶として広く知られている．練習の始めと終わり，大会などの演武の前後には「抱拳礼」であいさつをする．

◆抱拳礼

① 足を揃え，真っ直ぐに立つ．（図1-1）

② 右手を拳にし，左手を掌にする．拳面と掌心
を胸の前で合わせ，右手の拳輪は前方を向く．
胸と手の間は約30cm離すこと．肘は潰さず張
りすぎない（図1-2）．手型，部位名称は（2）
手型・手法を参照．

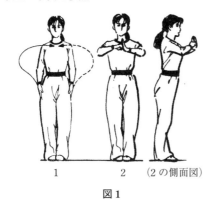

1　　　　2　　（2の側面図）

図1

◆抱拳礼による挨拶の順番

① 隊列をつくり，生徒の代表が先生に対し"礼"
と声をかけ，まず生徒が全員で抱拳礼をする．
② その際に生徒は全員で声を揃えて"先生こん
にちは"，もしくは同じ意味の中国語"ラオシ
ーハオ"と挨拶をする．
③ 生徒全員が抱拳礼をしたら，先生が"皆さん
こんにちは"，または同じ意味の中国語"ニー
メンハオ"と答え，抱拳礼をする．
④ 先生が抱拳礼を終えて手を下ろしたら，生徒
も手を下ろす．生徒は先生よりも先に，抱拳礼
をやめ手を下ろしてはいけない．

◆抱拳礼の意味

　拳礼は中国武術における礼儀作法であり，抱拳
礼はその中の1つである．普通は練習の開始と終
わり，徒手，器械，対練を含む練習の前後に行わ
れる．これは謙虚な気持ちを表し，武徳を構成す
る部分でもある．また表演の入退場のときにもこ
の礼をする．拳礼はそれぞれの門派を代表するも
のであり，その門派の趣旨や精神を映し出したも
のである．
　中国の武術の礼にはいろいろあるが，現在は抱
拳礼が一般的に使われている．この礼は中国の伝
統的な拝礼法（両手を組み合わせて高く挙げ，上
半身を少し曲げる）と少林拳の抱拳礼（四指礼）
がもとになっていて，これらをまとめて新しい意
味を持たせたものである．

◆抱拳礼の具体的な意味

① 左手の掌は徳，智，体，美の「四育」が揃っ
ていて，高尚な情操を表しており，曲げた親指
はうぬぼれや驕りがなく，威張っていないこと
を表している．また右手の拳は勇敢な武術家を
表している．左手の掌が右手の拳を覆うことで
「武術を乱用しない」「武術で罪を犯さない」な
どを意味している．
② 両手を合わせて輪をつくることで世界を表し，
武術家同士の団結と友好を意味している．
③ 左手の掌が文，右手の拳が武であり，文武を
ともに学び，師を尊び，先輩に教えを求めると
いうことを表している．

(2) 手型・手法（抱拳－衝拳・抱掌－推掌）
バオチュエン　チョンチュエン　バオジャン　トゥイジャン

　長拳の手型には拳・掌・勾の3種類があり，そ
の手型によって打つ，推す，支える，掴む等の武
術動作を行う．
・拳（拳眼・拳背・拳面・拳心・拳輪）（図2-1）
・掌（掌指・掌背・掌外沿・掌心・掌根）（図2-
2）
・勾（勾頂・勾尖）（図2-3）

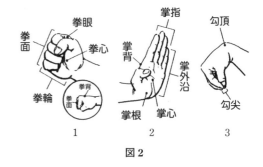

1　　　　　2　　　　　3

図2

◆抱拳－衝拳

① 併歩から足を肩幅に開き，背筋を伸ばし，あ
ごを引き，胸を張り，腹を収めて立つ．左右の
拳は拳心を上に向け，拳が緩まないようしっか
り握り，腰骨の一番高いところあたりに置く．
高すぎたり低すぎたり，拳が腹の前へ出たり，
拳が腰から離れたりしてはいけない．両肘は後
ろに引き，後ろから見たとき，左右の肘が開か
ないよう肩甲骨を寄せてしっかり胸を張る．
（図3-1）
② 腰から拳を前へ送り出し，肘が脇を通ったら
拳を内旋させて前方に素早く強く打ち出す．力

点は拳面に. 拳を内旋させ始めるタイミングが早すぎないよう注意する. 打ち出すときは腰の回転力を使い, 打ち終わったときには出した拳の側の肩がやや前方に出て, 胸は斜め45° くらいの方向を向く. 打ち出した拳と反対側の肘は真後ろに引き, 衝拳と引っ張り合うような状態になる. （図3-2）

③ 続いて反対の拳を打ち出すとき, 戻す拳は打ち出したときと同じ路線を戻るようにする. 戻す手は後ろへ肘で打つような意識を持ち, 緩まないよう気をつける. （図3-3）

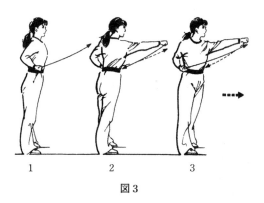

図3

【要点】

拳を出すときには腰をひねり, 肩を前に送る. 肘が脇を通る時点から拳を返し始める. 定式（打ち終わったとき）には胸を張り, お腹をしめ, 背筋を伸ばし, 前方を見る.

拳を返すタイミング, 腰のひねり, 肩の送りなどをマスターするまでは, 力を入れずゆっくりと行う.

やり方を把握できるようになったらスピードを徐々に上げ, 力を入れるようにする.

◆抱掌－推掌

① 足を肩幅に開いて立ち, 両手を掌にして腰に構える. 掌心は上向きにし, 脇をしめる. 手首は曲げない. （図4-1）

② 右掌を返し勢いよく前に突き出す. 最後は掌を立て, 掌心を前に向ける. 腕は伸ばし, 高さは肩と同じくらい. 力は掌外沿に達する. （図4-2）

③ 同じように左掌を突き出す. 同時に右肘を引き, 右掌を腰に掌心を上にして収める. （図4-3）

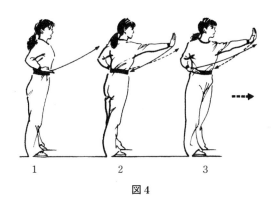

図4

【要点】

基本的なやり方は, 抱拳－衝拳と同じ. 抱掌のときは手首を曲げない. 抱拳の拳を掌に変えた形である.

（3）転頭

転頭は演武に表情をつけたり, 動作と眼法を一致させたりするのに不可欠である. 基本功の1つと考えて練習する.

◆転頭

① 足を肩幅に開いて立ち, 抱拳する. （図5-1）

② 指導員の合図（号令や手をたたく）などによってすばやく首を回し, 左（または右）を見る. （図5-2）

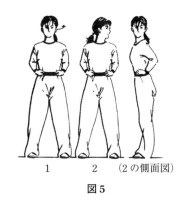

1　　　　2　　　（2の側面図）

図5

【要点】

左（右）を見たときに首を倒さないようにする. あごを肩の上にのせるつもりでやるとよいが, 肩を動かしてはいけない.

前, 左（右）ともはっきりと目を開き, 前方を見るようにする. 見る目標物を定めるのもよい方法である.

最初はゆっくりと始めて要領を覚え，徐々にスピードを上げて練習をする．練習の組合せは（1）前－左－前－右－前，（2）前－左－右－左－右…などがある．

(4) 歩型の練習方法と要点（馬歩・弓歩・虚歩・仆歩・歇歩）

長拳の歩型には，弓歩・馬歩・仆歩・虚歩・歇歩等いくつかの種類がある．歩型は武術の重要な基本技術の1つで，いうなれば建物の土台のようなものである．正しい歩型をマスターすることにより套路全体が安定したものになり，さらに脚力がつき素早い動作が身につく．初級のうちに間違った形を覚えることのないように練習する．

◆馬歩（マーブー）

① 足を揃え，腰に手を当てて立つ．（図6-1）
② 左足を横に開き，腰を落として馬歩になる．（図6-2）

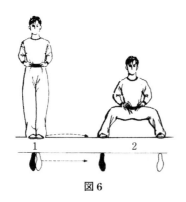

図6

【要点】

足を開いてから位置を直したりせず，1回で馬歩の形になれるようにする．馬歩の左右の足幅は約3足長分．

左右の足ともつま先は前を向く．

上体は起こし，お腹を前に突き出したり，お尻を後ろに突き出したりしない．

◆弓歩（ゴンブー）

（左弓歩）
① 左右のかかとをつけ，右足を約45°〜60°に開いて立つ（レの字）．手は腰に当てる．（図7-1）
② 左足を前に出し，腰を落とし弓歩になる．（図7-2）

（右弓歩）
左右が逆になる．

図7

【要点】

足を出してから位置を直したりせず，1回で弓歩の形になれるようにする．

弓歩の左右の足幅は約5足長分．左右の足とも足裏はすべて地面につけ，後ろの足は最初に開いた角度を保つ．上体は起こし，腰をしっかりと沈める．

◆虚歩（シューブー）

（左虚歩）
① 左右のかかとをつけ，右足を約30°〜45°に開いて立つ（レの字）．手は腰に当てる．（図8-1）
② 左足を左斜め前方に出して足裏前部を着地させ，腰を落として虚歩になる．左右のつま先は約90°開いている．（図8-2）

（右虚歩）
左右が逆になる．

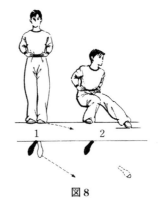

図8

【要点】

かなりの脚力が必要なので，最初は高めにし，脚力がついていくにしたがって徐々に低くしてい

く.

虚歩になったとき，手は胸前に合わせていても
よい.

しゃがんでいる方の膝が内側に入ってはいけな
い. 膝の故障の原因になるので，早めに矯正す
る.

◆仆歩（プーブー）

（左仆歩）

① 左右のかかとをつけ，右足を約30°〜45°に開
　いて立つ（レの字）. 手は腰に当てる. （図9-
　1）

② 左足を真横から後ろに1足分ひき，腰を落と
　して仆歩になる. 左足先は真っ直ぐ前を向く.
　（図9-2）

（右仆歩）

左右が逆になる.

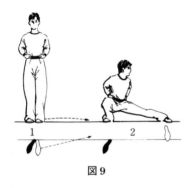

図9

【要点】

左右の足とも，足裏はすべて地面につく.

曲げている方の膝が内側に入ってはいけない.
膝の故障の原因になるので，早めに矯正する.

最初は上体を起こすことを心がけ，次の段階で
は股関節を沈めたまま，伸ばしている足の方へ体
を向けるようにする. 特にこのとき，しゃがんで
いる方の膝が内側に入って来ないよう注意する.

◆歇歩（シエブー）

（左歇歩）

① 左右の足を揃えて立ち，手は腰に当てる. （図
　10-1）

② 右足を左足の後ろに差し込み，しゃがんで歇
　歩になる. 左斜め前方を見る. （図10-2）

（右歇歩）

左右が逆になる.

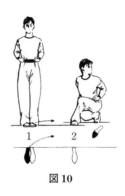

図10

【要点】

後ろの足裏前部1/3くらいが地面につく. かか
とは上げ，その上にお尻をのせる.

後ろの足の膝は前の足の膝の裏に入れ込む.

上体は起こし，前の足の上にかぶさらないよう
にする.

(5) 歩型と手法の組み合わせ

簡単な組み合わせを練習する. 手と足を組み合
わせるときには協調に注意し，腰を中心にして動
く. 手足がバラバラにならないよう，体全体で1
つの動作にまとまるようにする.

◆弓歩衝拳

① 右弓歩で左衝拳をしている形をつくる. （図11
　-1）

② 左足を前に踏み出し，半馬歩（馬歩から左の
　つま先を開き体がやや左を向いている）とな
　る. （図11-2）

③ 半馬歩から左弓歩となり，同時に左肘を引い

図11

図12

て右衝拳をする．（図11-3）

【要点】

　半馬歩から左弓歩となるときには，（1）右足の
かかとをけり出して右膝を伸ばす（2）左膝を曲
げる（3）腰を正面に回す，の3つが同時にでき
るようにする．

　弓歩から半馬歩に足を踏み出すときに，立ち上
がったり上体が倒れたりしないようにする．

　半馬歩から弓歩への変化と衝拳で力が拳面に達
する（打ち終わり）のを合わせるようにする．

◆弓歩推掌

① 右弓歩で左推掌をしている形をつくる．（図12
-1）

② 左足を前に踏み出し，半馬歩（馬歩から左の
つま先を開き体がやや左を向いている）とな
る．（図12-2）

③ 半馬歩から左弓歩となり，同時に左肘を引い

て右推掌をする．（図12-3）

【要点】

　推掌の項及び前項（弓歩衝拳）を参照のこと．

5)　動作説明

(1)　カンフー体操1

1. 「**用意**」　足を揃えて胸を張り，両腕を体側に
ピタリと付けて前を見る．（①）

2. 「**併歩抱拳**」〔ビンブーバオチュエン〕　拳を
腰の横につけ脇を締める．拳が腹の前に出な
いように注意する．（②）

3. 「**馬歩双劈拳**」〔マーブーシュアンピーチュエ
ン〕　両拳を体の前で交差し（③），顔の前を
通して頭上から横に向け振り下ろす（④）と
同時に左足を左に大きく開き馬歩になる．
（⑤）

①　　　　②　　　　③　　　　④　　　　⑤

4. 「**左弓歩衝拳**」〔ズオゴンブーチョンチュエ
ン〕　歩型を左弓歩に変え（⑥），同時に左に
向けて右拳を回転させながら拳を下に向けて
打ち出す．左拳は腰に付ける．（⑦）

5. 「**弾腿衝拳**」〔タァントゥイチョンチュエン〕
弓歩から左足で立ち上がり，右膝を引き上げ
て足を伸ばし前に蹴り出すと同時に左衝拳，
右拳は腰に付ける．（⑧⑨）

⑥　　　　　⑦　　　　　⑧　　　　　⑨

6. 「**左弓歩衝拳**」〔ズオゴンブーチョンチュエン〕　蹴り出した足を後ろに引いて（⑩）弓歩になると同時に右衝拳，左拳は腰に付ける．（⑪）

7. 「**馬歩左衝拳**」〔マーブーズオチョンチュエン〕　左歩型を馬歩に変え，右手は顔の前を払い（⑫⑬），左拳を腰から前に打つ．（⑭）

8. 「**馬歩双衝拳**」〔マーブーシュアンチョンチュエン〕　歩型を変えず右拳を打ち（⑮），後ろに右拳を腰に戻しながら，左拳を打つ．（⑯）

9. 「**併歩抱拳**」〔ビンブーバオチュエン〕　左足を右足に揃えて並歩になる．拳は両腰に付け脇を締める．（⑰）

10. 「**馬歩双劈拳**」〔マーブーシュアンピーチュエン〕　両拳を体の前で交差し，顔の前を通して頭上から横に振り下ろすと同時に右足を右に大きく開き馬歩になる．（⑱）

11. 「**右弓歩衝拳**」〔ヨウゴンブーチョンチュエン〕　歩型を右弓歩に変え，同時に右に向けて左拳を回転させながら拳を下に向けて打ち出す．右拳は腰に付ける．（⑲）

12. 「**弾腿衝拳**」〔タァントウイチョンチュエン〕　弓歩から右足で立ち上がり，左膝を引き上げて足を伸ばし前に蹴り出すと同時に右衝拳，左拳は腰に付ける．（⑳㉑）

13. 「**右弓歩衝拳**」〔ヨウゴンブーチョンチュエン〕　蹴り出した足を後ろに引いて（㉒）弓歩になると同時に左衝拳，右拳は腰に付ける。（㉓）

14. 「**馬歩右衝拳**」〔マーブーヨウチョンチュエン〕　右歩型を馬歩に変え，左手は顔の前を払い（㉔），右拳を腰から前に打つ。（㉕）

15. 「**馬歩双衝拳**」〔マーブーシュアンチョンチュエン〕　歩型を変えず左拳を打ち（㉖），後に左拳を腰に戻しながら，右拳を打つ。（㉗）

16. 「**併歩抱拳**」〔ビンブーバオチュエン〕　右足を左足に揃えて併歩になる。拳は両腰に付け脇を締める。（㉘）

17. 「**収勢**」〔ショウシー〕　両拳を下ろし，掌になる。両腕を体側にピタリと付けて前を見る。（㉙）

㉒　㉓　㉔　㉕　㉖　㉗　㉘　㉙

(2) カンフー体操2

1. 「**用意**」　足を揃えて胸を張り，両腕を体の側面にピタリと付けて前を見る。（㉚）

2. 「**併歩抱拳**」〔ビンブーバオチュエン〕　拳を腰の横につけ脇を締める。拳が腹の前に出ないように注意し，顔を左に向ける。（㉛）

3. 「**馬歩双推掌**」〔マーブーシュアントゥイヂャン〕　馬歩になり，指先を上に向け，手の平を前にして両腕を前に伸ばして打ち出す。顔は正面を向く。（㉜）

4. 「**馬歩左格打**」〔マーブーズオガァーダー〕　馬歩のまま，左掌を拳にして左側に格打。拳心は自分の顔の方を向く。右掌は拳にして腰に付ける。（㉝）

5. 「**左弓歩衝拳**」〔ズオゴンブーチョンチュエン〕　歩型を左弓歩に変え，同時に左に向けて右拳を回転させながら拳を下に向けて打ち出す。左拳は腰に付ける。（㉞）

6. 「**弾腿衝拳**」〔タァントゥイチョンチュエン〕　弓歩から左足で立ち上がり（㉟），右膝を引き上げて足を伸ばし前に蹴り出す。同時に左衝拳，右拳は腰に付ける。（㊱）

7. 「**右弓歩推掌**」〔ヨウゴンブートゥイヂャン〕　蹴り出した足を前に踏み出して右弓歩になる。同時に右推掌，左拳は腰に付ける。（㊲）

8. 「**提膝右格打**」〔ティーシーヨウガァーダー〕　右足を引き上げ提膝，同時に右掌を拳に変え右側に格打。拳心は自分の顔の方を向く。左拳は掌に変え左下で押さえる。（㊳㊴）

9. 「換跳歩馬歩圧肘」〔ホアンティャオブーマーブーヤージョウ〕　換跳歩で跳んだ後しゃがんで馬歩，同時に左腕を振り下ろして圧肘する．右拳は腰に付ける．（40 41）

10. 「馬歩抓肩」〔マーブージュアジエン〕　左拳は左掌に変え，左掌で右肩を押さえる．（42）

11. 「震脚下栽拳」〔ジェンジャオシャーザイチュエン〕　右足を左足に揃えて震脚しながら右拳を下栽拳で打ち下ろす．（43 44）

12. 「右弓歩頂肘」〔ヨウゴンブーディンジョウ〕　右足を右に大きく踏み出し，上体をやや左に回し両腕を左側へ伸ばす．そのあと腰を右に回して右弓歩になり，右に向けて頂肘をする．その時，左掌は右拳面につけて押し出す．顔は右に向ける．（45 46）

13. 「馬歩双推掌」〔マーブーシュアントゥイチャン〕　歩型を馬歩に変え，両掌を腰の横に引き，素早く双推掌を行う．（47）

14. 「併歩抱拳」〔ビンブーバオチュエン〕　左足を右足に寄せ併歩抱拳をする．拳は両腰に付け脇を締める．（48）

㊺

㊻

㊼

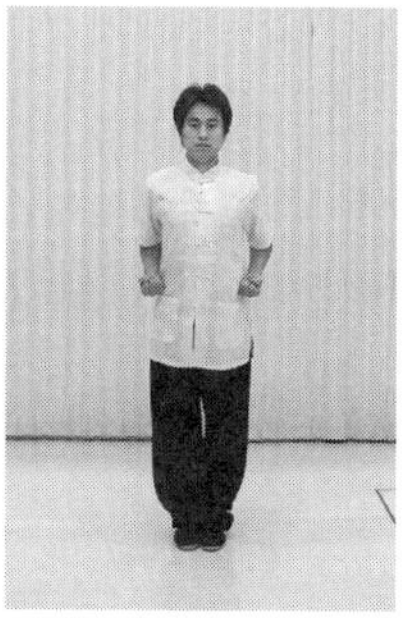
㊽

㊾

㊿

(51)

(52)

15. **「馬歩双推掌」**〔マーブーシュアントゥイヂャン〕 馬歩になり，指先上に向け，手の平を前にして両腕を前に伸ばし打ち出す．顔は正面を向く．(㊾)
16. **「馬歩右格打」**〔マーブーヨウゴァーダー〕 馬歩のまま，右掌を拳にして右側に格打．拳心は自分の顔の方を向く．左掌は拳にして腰に付ける．(㊿)
17. **「右弓歩衝拳」**〔ヨウゴンブーチョンチュエン〕 歩型を右弓歩に変え，同時に右に向けて左拳を回転させながら拳を下に向けて打ち出す．右拳は腰に付ける．((51))
18. **「弾腿衝拳」**〔タァントゥイチョンチュエン〕 弓歩から右足で立ち上がり((52))，左膝を引き上げて足を伸ばし前に蹴り出す．同時に右衝拳，左拳は腰に付ける((53))
19. **「左弓歩推掌」**〔ズオゴンブートゥイヂャン〕 蹴り出した足を前に踏み出して左弓歩になる．同時に左推掌，右拳は腰に付ける．((54))
20. **「提膝左格打」**〔ティーシーズオゴァーダー〕 左足を引き上げ提膝，同時に左掌を拳に変え左側に格打．拳心は自分の顔の方を向く．右拳は掌に変え右下を押さえる．((55)(56))

(53)

(54)

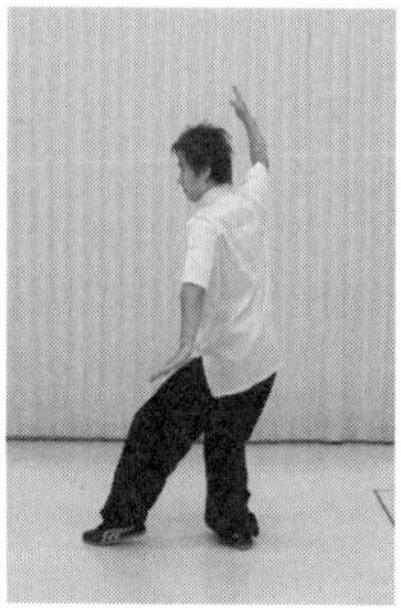
(55)

(56)

㊗　　　　㊨　　　　㊙　　　　㊚　　　　㊛

21. 「換跳歩馬歩圧肘」〔ホアンテャオブーマーブーヤージョウ〕　換跳歩で跳んだ後しゃがんで馬歩，同時に右腕を振り下ろして圧肘する．左拳は腰に付ける．(㊗㊨)

22. 「馬歩抓肩」〔マーブージュアジエン〕　右拳は右掌に変え，右掌で左肩を押さえる．(㊙)

23. 「震脚下栽拳」〔ジェンジャオシャーザイチュエン〕　左足を右足に揃えて震脚しながら左拳を下栽拳で打ち下ろす．(㊚㊛)

24. 「左弓歩頂肘」〔ズオゴンブーディンジョウ〕　左足を左に大きく踏み出し，上体をやや右に回し両腕を右側へ伸ばす．そのあと腰を左に

回して左弓歩になり，左に向けて頂肘をする．その時，右掌は左拳面につけて押し出す．顔は左に向ける．(㊻㊼)

25. 「馬歩双推掌」〔マーブーシュアントゥイヂャン〕　歩型を馬歩に変え，両掌を腰の横に引き，素早く双推掌を行う．(㊽)

26. 「併歩抱拳」〔ビンブーバオチュエン〕　右足を左足に寄せ併歩抱拳をする．拳は両腰に付け脇を締める．(㊾)

27. 「収勢」〔ショウシー〕　両拳を下ろし，掌になる．両腕を体の側面にピタリと付けて前を見る．(㊿)

㊻　　　　㊼　　　　㊽　　　　㊾　　　　㊿

6)　武術用語の解説

併歩（ビンブー）　足を揃えて立つ．(カンフー体操1の①)

抱拳（バオチュエン）　拳を腰の横につけ，脇を締め，拳が腹の前に出ないように注意する．(カンフー体操1の②)

併歩抱拳（ビンブーバオチュエン）　足を揃えて立ち，抱拳をする．(カンフー体操1の②)

劈拳（ピーチュエン）　抱拳から腕を体の前で交差して，顔の前を通り頭上から横に向けて振り下ろす．(カンフー体操1の③～⑤)

衝拳（チョンチュエン）　抱拳から前方に向けて拳を打ち出す．(カンフー体操1の⑦)

格打（ゴァーダー）　抱拳から肘を曲げて顔の前を払い，腰に戻して抱拳，同時に逆の手で衝拳を行う．(カンフー体操2の㉝)

提膝（ティーシー）　片足で立ち，もう一方の脚の膝を高く引き上げ，つま先は出さずに真下に向ける．（カンフー体操2の㊴）

換跳歩（ホアンチャオブー）　右足を上げた提膝から，左足で跳び上がり，右に90度回って馬歩で着地する．（カンフー体操2の㊵）

圧肘（ヤージョウ）　腕を上に振り上げ，肘を軽く曲げて胸の前に振り下ろす．（カンフー体操2の㊶）

震脚（ジェンジャオ）　左足で立ち，右足を少し引き上げて左足の横に揃えて踏み下ろし「ドン！」と音を鳴らす．（カンフー体操2の㊸）

栽拳（ザイチュエン）　左手で右肩を押さえ，右腕を上から真直ぐ下に向けて打ち下ろす．（カンフー体操2の㊹）

頂肘（ディンジョウ）　肘を突き出す．突き出す腕は拳で，拳心を下向きにして体の前で肘を曲げ構える．もう片方の手は掌で，構えた腕の拳を押し，肘を突き出す．（カンフー体操2の㊻）

推掌（トゥイジャン）　拳または掌の状態で腰の横に構え，腰の横から前方へ，掌を立て，掌心を前に向け打ち出す．腕は伸ばし，高さは肩と同じくらい．力は掌外沿に達する．

双推掌（シュアントゥイジャン）　両腕で推掌をする．（カンフー体操2の㊼）

7）　授業展開例

第1回　オリエンテーション（DVD視聴により中国武術のイメージをつかむ）

第2回　柔軟体操（準備運動，関節をほぐす），足上げ，回し蹴りなどの基本練習

第3回　基礎練習1　カンフー体操1

第4回　基礎練習2　カンフー体操2

第5回　基礎練習3　カンフー体操2

第6回　基礎練習4　カンフー体操1，2の復習

第7回　カンフー体操の小テスト

第8回　DVD視聴により，中国武術の実践イメージをつかむ

第9回　基礎練習5　入門長拳1

第10回　基礎練習6　入門長拳2

第11回　機械（体験）　※「機械」とは棍棒，剣などの道具を指す．

第12回　中国武術護身術（体験）

第13回　中国武術散打（体験）

第14回　全動作の復習，入門長拳の小テスト

第15回　まとめ，授業評価，アンケート

＜引用・参考文献＞

1）　アジア武術連盟（編）『競技ルールと審判法』公益社団法人日本武術太極拳連盟，2011.

2）　公益社団法人日本武術太極拳連盟『普及用長拳』公益社団法人日本武術太極拳連盟，1998.

3）　公益社団法人日本武術太極拳連盟『初級長拳・入門棍術テキスト』公益社団法人日本武術太極拳連盟，2001.

※図1〜12　イラスト制作：公益社団法人日本武術太極拳連盟　中村剛様

第4章

マシントレーニング

1) はじめに

　フィットネスルームには，様々な筋に負荷をかけて筋を鍛え，筋力や筋量を向上するための13種類の筋力トレーニングマシン（CYBEX社製）が設置されている．また，全身持久性能力の判定ができ，かつ全身持久性能力の向上や体脂肪を減少するためのトレーニングが可能なエアロバイク（コナミ社製）が14台設置されている．さらに，有酸素運動ができるランニングマシンWELL ROAD　200 E（竹井機器社製）が8台とローイングマシン（MATRIX社製）が5台，ステアクライマー（Precor社製）が3台設置されており，健康の維持・増進と体力の向上のために十分なマシンが揃っている．本稿を参照して，正しいマシンの使い方を知って自分自身の健康や体力の自己管理のために利用して欲しい．

2) 筋力トレーニングマシン

(1) アームカール（写真1と2）

(a) 設定
　① 腕をまっすぐパッドの上に置けるようにシートの高さを調節する．
　② 肘の位置を回転軸に並ぶようにする．
　③ ハンドルをつかむ．

(b) 動作
　ハンドルを肩に向かって上に引き上げる．

(c) 主動筋
　上腕二頭筋，上腕筋，腕橈骨筋

写真2　アームカール

(2) アームエクステンション（写真3と4）

(a) 設定
　① 上腕全体をサポートパッドの上に置けるようにシートの高さを調節する．
　② 肘が回転軸の位置と合うように，シートバックを調節する．
　③ ハンドルをつかむ．

(b) 動作
　ハンドルを前方の床に向かって押す．

(c) 主動筋
　上腕三頭筋

写真3　アームエクステンション

写真1　アームカール

写真 4　アームエクステンション

(3) ラテラルレイズ（写真 5 と 6）

写真 5　ラテラルレイズ

写真 6　ラテラルレイズ

(a) 設定

① 肩の高さのシールに肩を合わせてシートの

高さを調節する.

② やや前傾になり，直立の姿勢を保つ.

(b) 動作

体を動かさず，肘を横に押し上げる.

(c) 主動筋

三角筋

(4) プロウンレッグカール（写真 7 と 8）

(a) 設定

① 大腿部パッドに大腿部をあてて足首の後ろ
にレッグパッドをあてる.

② 膝の位置は回転軸の位置に合わせる.

③ 大腿パッドの前面にある胸部パッドに胸部
をあて，上腕パッドに上腕をのせてハンドル
をつかむ.

(b) 動作

レッグパッドに力を加えて持ち上げる.

(c) 主動筋

ハムストリング

写真 7　プロウンレッグカール

写真 8　プロウンレッグカール

（5）レッグエクステンション（写真9と10）

（a）設定

① 回転マーカーの軸と膝が一直線になるように背中パッドを調節する．

② すねパッドを快適な位置にして軽く押し当てる．

③ ハンドルを握って身体を安定させる．

（b）動作

膝がまっすぐになるまでパッドを前方に押し上げる．

（c）主動筋

大腿四頭筋

写真9 レッグエクステンション

写真10 レッグエクステンション

（6）ヒップアブダクション／アダクション

A．ヒップアブダクション（写真11と12）

（a）設定

開始位置は，膝パッドが膝の外側の位置に両膝を閉じる．

（b）動作

膝で膝パッドを外側に押しながら両膝を広げられるところまで開く．

（c）主動筋

中臀筋，大臀筋，梨状筋，大腿筋，膜張筋

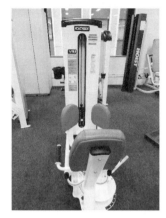

写真11 ヒップアブダクション

写真12 ヒップアブダクション

B．ヒップアダクション（写真13）

（a）設定

開始位置は，膝パッドを膝の内側にして開けるところまで両膝を開く．

（b）動作

膝でパッドを内側に押しながら両膝を閉じる．

写真13 ヒップアダクション

(c) 主動筋

内転筋，長内転筋，短内転筋，恥骨筋

(7) プルダウン（写真 14 と 15）

(a) 設定

①大腿部パッドを大腿部が動かないように調節する.

②大腿部パッドの下に大腿部がくるようにして座り，ハンドルをつかむ.

(b) 動作

肘を体の両脇にくるようハンドルを引っ張り，肩のレベルまでハンドルを下げる.

(c) 主動筋

広背筋，大円筋，上腕二頭筋，僧帽筋下部

写真 14　プルダウン

写真 15　プルダウン

(8) フライ／リアデルト

A. フライ（写真 16 と 17）

(a) 設定

①ハンドルを握ったときに肘が肩より少し下にくるようにシートの高さを調節する.

②肘を少し曲げた状態で好みの開始位置を決める.

(b) 動作

ハンドルを前方，中央に向かって押す.

(c) 主動筋

大胸筋，三角筋前部，上腕二頭筋

写真 16　フライ

写真 17　フライ

B. リアデルト（写真 18）

(a) 設定

①ハンドルを握ったときに肘が肩より少し下にくるようにシートの高さを調節する.

②肘を少し曲げた状態で好みの開始位置を決める.

(b) 動作

ハンドルを横，後ろに向かって押し広げる.

(c) 主動筋

三角筋後部，菱形筋，上腕三頭筋，僧帽筋下部

写真18 リアデルト

(9) ロウ（写真19と20）

(a) 設定

① ハンドルをつかむ時，手が肩と同じ高さに なるように，シートの高さを調整する．

② 体を安定させて快適な状態でできるように チェストパッドを調節する．

写真19 ロウ

写真20 ロウ

(b) 動作

肘が体の側面に来るまでハンドルを引く．

(c) 主動筋

広背筋，大円筋，上腕二頭筋，僧帽筋中部，三 角筋後部，菱形筋

(10) バックエクステンション（写真21と22）

(a) 設定

① 膝を少し曲げた状態を保つようにフットバー を調整する．

② 両膝を少し曲げながら，腰パッドに腰をあ てて姿勢を保ち脚を伸ばす．

(b) 動作

腰にパッドをあてながら反り返って背中の上部 でバックパッドを押す．

(c) 主動筋

脊柱起立筋，脊柱伸筋

写真21 バックエクステンション

写真22 バックエクステンション

(11) アブドミナル（写真 23 と 24）

(a) 設定

① 膝を少し曲げた状態を保つようにフットバーを調整する．

② 両膝を少し曲げながら，腰パッドに腰をあてて姿勢を保ち脚を伸ばす．

③ 腕を伸ばしながらハンドルをつかみ，後ろにもたれる．

(b) 動作

完全に腕を伸ばした状態で，胴から前方に曲げてハンドルを押す．

(c) 主動筋

腹直筋，内腹斜筋，外腹斜筋

写真 23　アブドミナル

写真 24　アブドミナル

(12) トーソーローテーション（写真 25 と 26 と 27）

(a) 設定

① パッドが胸上部の位置となるように，シートの高さを調整する．

② 希望する左または右回転の開始位置を選択する．

③ ハンドルをつかみ，パッドにしっかりと胸を引き寄せる．

④ しっかりと太もものパッドを絞める．

(b) 動作

完全に上半身をひねり，元の位置に戻す．反対側も同じ動作をする．

(c) 主動筋

内部斜筋，外部斜筋，腹直筋，脊柱起立筋（腹直筋と同じ側）

写真 25　トーソーローテーション

写真 26　トーソーローテーション

写真27 トーソーローテーション

3) MATRIX ローイングマシン（写真28）

(1) ローイングストローク

(a) キャッチ

　ハンドルを両手で等間隔になるよう握る．シートをしっかり前に出し，膝を曲げて（踵から膝が真っ直ぐになるよう）胸に引き寄せる．腕を前に伸ばし，やや前傾姿勢になるようにする（写真29）．

写真28 MATRIXローイングマシン

写真29 MATRIXローイングマシン

写真30 MATRIXローイングマシン

(b) ドライブ

　フットプレートをしっかり蹴り，脚を真っ直ぐになる直前まで伸ばす．腕は自然に身体についてくるようにし，上体を90度にする（写真30）．

(c) フィニッシュ

　脚を伸ばしたまま腕を腹部に引き，上体を90度以上になるよう後ろに振る．

(d) リカバリー

　腕を伸ばして膝を曲げて，上体を前に振りながら，シートを前に戻す．

　これらの動作をスムーズに連続して行う．

(2) ローイングプログラム

(a) クイックスタート（距離）

　距離クイックキーを押し，アップ／ダウンボタンで目標距離を選び，チェックボタンを押してローイングストロークを始める．

(b) クイックスタート（時間）

　時間クイックキーを押し，アップ／ダウンボタンで目標時間を選び，チェックボタンを押してローイングストロークを始める．

　ローイングプログラム終了後，メニューボタンを押して，SPM（毎分ストローク数），消費ワット数を見ることができる．また，心拍数ストラップを装着すれば，ローイングプログラム中の心拍数の平均値と最高値並びに消費カロリーを見ることができる．

4）　ランニングマシン　WELL ROAD 200 E（写真 31 と 32 と 33）

本体前方下部にある電源スイッチを ON にする．

1. 正しい走行範囲に立ち，静電気除去シートに触れる．
2. 中止を押して表示をリセットする．
3. 体重を入力する．
4. 角度の＋－で角度を変える．
5. スタート速度＋を押す．ベルトが動き出し最低速度 0.5 km／時になる．
6. 左右のグリップセンサーを両手で握り続けると，心拍数を表示する．この時，上のセンサーに手の腹を，下のセンサーに指先を密着するように動かさずに握る．
7. スタート速度＋，－で速度を変える．変化を止めて一定の速度にしたいときは，保持を押す．
8. 終了したいときは，中止を押す．ベルトが徐々に遅くなって止まる．
9. 結果表示で走行距離と歩数は 2 秒ごとに表示される．心拍数と消費カロリーは，セットボタンで切り替えて表示されるので記録する．2 分経過するか再度，中止ボタンを押すと表示がリセットされる．
10. 電源スイッチを OFF にする．

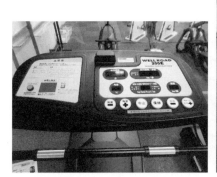  

写真 31　ランニングマシン WELL ROAD 200 E　　写真 32　ランニングマシン WELL ROAD 200 E　　写真 33　ランニングマシン WELL ROAD 200 E

5）　エアロバイク 75 XLⅢ（写真 34 と 35）
（1）エアロバイクの使用に当たって

エアロバイクの特徴は，「体力テスト」プログラムにより全身持久力の評価ができること，また，その評価に基づいて全身持久力の維持・向上のための適切な有酸素運動（エアロビクス）が個人で実施できることである．このエアロバイクには，性別，年齢，目標脈拍，運動時間を入力して，自分に合った適度なトレーニングをすることができる．そのトレーニングの結果として，消費したカロリーを知ることができる．しかし，使用に際しては必ず次のことを守ること．

（a）身体に病気や障害のある者はトレーニングを始める前に必ず専門の医師，または体育担当者・トレーナー等に相談すること．

写真 34　エアロバイク 75 XLⅢ

(b) トレーニング中に，万一めまいや吐き気等身
体に何らかの異常を感じた場合は，無理をし
ないでただちに運動を中止すること．

写真35 エアロバイク 75 XL Ⅲ

(2) エアロバイク本体の取り扱い
(a) 正しい乗車姿勢（図1）

自然で疲れにくい姿勢は，上体が軽く前傾し，
肘が軽く曲がり，ペダルが一番下にあるときに膝
が軽く曲がっている姿勢である．

(b) サドルとハンドルの調整（図2）

① サドルの調節はサドル下部のサドルポスト
ロックレバーを押し上げながら，片方の手で
サドルを上下させて調節する．ロックレバー
を離すと，サドルポストは自動的に下方向に
対して固定される．

② 本体上部中央のハンドルポストロックレバ
ーを片手で後方に押しながら，片手でハンド
ルポストの高さを上下させて調節する．ロッ
クレバーを離すと，ハンドルポストは自動的
に下方向に対して固定される．

(c) グリップ位置の調節（図3）

コントロールボックス手前側のハンドルロック
レバーを反時計回りに回すと，ロックがゆるみハ
ンドルの向きを変えることができます．適当な向
きを選び，再びロックレバーをしっかり締める．

(3) 体力テストの操作

1. 電源スイッチを ON にする．サドルに座り，
正しい姿勢となるようにサドルポスト，ハン
ドル，ハンドルポストを調節する．

2. 操作パネルの ESC／REST キーを押す．パ

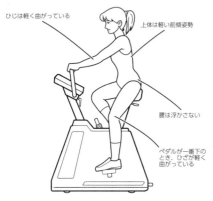

図1 正しい乗車姿勢

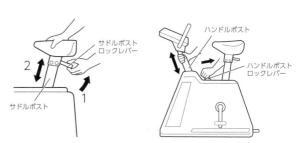

図2 サドルとハンドルの調整

図3 グリップ位置の調節

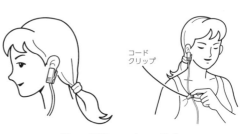

図4 脈拍センサーの装着

ネル画面の↓印キーをで「1.体力テスト」を選択して，確認キーを押す.

3. 脈拍センサーを耳たぶにはさみ，脈拍が正しくとれていることを確認して，パネル画面の確認キーを押す.（図4）

4. 性別を選んで画面パネルの男か女のキーを押す.

5. ＋10，−10，＋1，−1のキーで年齢を入力する．年齢が正しいことを確かめて確認キーを押す.

6. ＋10，−10，＋1，−1のキーで体重を入力する．体重が正しいことを確かめて終了キーを押す.

7. 体力テストプロトコルを自分の体力に合わせる．体力レベルキーを押す．↓キーでプロトコル（普段から運動しない座業的活動者は低体力者向け，普通の方は一般向け，持久的な運動をしている運動部の方は高体力者向け）を選ぶ．確認キーを押す.

8. スタート画面になるので，START／STOPキーを押す．安静画面が表示されるので1分間，動かずに気持ちをリラックスさせて待つ.

9. ペダリング開始の画面となったらピッチ音に合わせてペダルをこぎ始める.

10. 運動中は，ペダル回転数のマークがGOODの表示を指すようにピッチ音に合わせてペダルをこぐ.

11. 測定が終わると，ピッピー，ピッピーと音がして1分間のクールダウに入る．クールダウン中もこぎ続け，その際に表示切替DISP／DATAキーを押して結果表示画面に切り替える.

12. クールダウンが終了したら耳たぶからセンサーを外してパネルの横に装着する.

13. 測定結果【6つの数値：$\dot{V}O_2$ 75% HRmax（1/min），$\dot{V}O_2$ 75% HRmax（ml/kg/min），$\dot{V}O_2$ max（ml/kg/min），PWC 75% HRmax（W），一般トレーニング値（W），減量トレーニング値（W）】を用紙に記録する.

14. 記録したことを確認したらエアロバイクの電源スイッチをOFFにする.

15. 体力テストの測定結果から体力を判定する.（表1～表3）

表1　性・年齢別の全身持久力評価表（ステップ方式）

全身持久力評価表（ステップ方式）

■PWC75％HRmaxにおける評価表（19才～69才）

■男性

評価値（ワット）

評価	20	25	30	35	40	45	50	55	60	65
非常に優れている	215以上	209以上	203以上	197以上	191以上	185以上	179以上	173以上	167以上	161以上
かなり優れている	214〜187	208〜181	202〜176	196〜170	190〜164	184〜158	178〜152	172〜146	166〜140	160〜134
優れている	186〜159	180〜153	175〜147	169〜142	163〜136	157〜130	151〜124	145〜118	139〜112	133〜106
ふつう	158〜130	152〜125	146〜119	141〜113	135〜107	129〜101	123〜95	117〜90	111〜84	105〜78
劣る	129〜102	124〜96	118〜91	112〜85	106〜79	100〜73	94〜66	89〜61	83〜55	77〜49
かなり劣る	101以下	95以下	90以下	84以下	78以下	72以下	66以下	60以下	54以下	48以下

右軸目盛：250W・200W・150W・100W・50W

年令（才）　20　25　30　35　40　45　50　55　60　65　70

■**女性**

評価値（ワット）

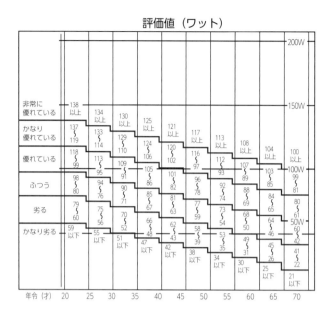

表2　性・年齢別の最大酸素摂取量（参考値）評価表（ランプ／ステップ方式）

V̇O₂max（参考値）評価表（19才～69才）(ランプ/ステップ方式)

■**男性**

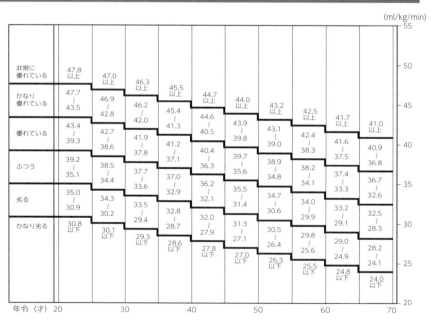

■女性

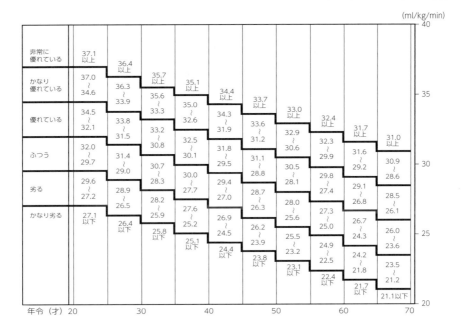

表3　目標運動量（消費カロリー）と運動時間の目安（単位：分）

- 自分のトレーニング値と目標とする運動量（消費カロリー）に近い値の欄に当てはめること．
目標とする運動量を消費するために要するトレーニング時間の目安がわかる．
（例）減量トレーニングで，トレーニング値90Wの人が，200カロリーの運動量を消費するためには，トレーニング値90のところと消費カロリー200の欄の結ぶところで，※35分のトレーニング時間ということがわかる．
- 実際のトレーニングは，トレーニング負荷が脈拍に応じて，常に増減するので，この表とは必ずしも一致しない．あくまでも目安として参照すること．

消費カロリー（cal） ＼ トレーニング値（W）ワット	30	40	50	60	70	80	90	100	110	120	130	140	150
100カロリー	53	40	32	26	23	20	17	16	14	13	12	11	10
150	80	60	48	40	34	30	26	24	22	20	18	17	16
200	107	80	64	53	46	40	※35	32	29	26	24	23	21
250	134	101	80	67	57	50	44	40	36	33	31	28	26
300	161	121	97	80	69	60	53	48	44	40	37	34	32
350	188	141	113	94	80	70	62	56	51	47	43	40	37
400	215	161	129	107	92	80	71	64	58	53	49	46	43

（4）トレーニングの操作

1. 電源スイッチを ON にする．サドルに座り，正しい姿勢となるようにサドルポスト，ハンドル，ハンドルポストを調節する．

2. 操作パネルの ESC／REST キーを押す．パネル画面の↓印キーをで「2. トレーニング」を選択して，確認キーを押す．

3. 脈拍センサーを耳たぶにはさみ，脈拍が正しくとれていることを確認して，パネル画面の確認キーを押す．

4. 性別を選んで画面パネルの男か女のキーを押す．

5. ＋10，−10，＋1，−1 のキーで年齢を入力する．年齢が正しいことを確かめて確認キーを押す．

6. ＋10，−10，＋1，−1 のキーで目標脈拍を入力する．数値が正しいことを確かめて確認キーを押す．

7. ＋10，−10，＋1，−1 のキーで運動時間を入力する．数値が正しいことを確かめて終了キーを押す．

8. スタート画面になるので，START／STOP キーを押す．ペダリング開始画面となるのでピッチ音に合わせてこぎ始める．

9. トレーニング中，表示切替 DISP／DATA キーを押すとグラフ画面とカロリー画面に交互に切り替えることができる．

10. トレーニング時間が終了すると，ピッピー，ピッピーという音とともにクールダウンに入り，クールダウン画面となる．

11. クールダウンが終わると，終了画面となる．表示切替 DISP／DATA キーを押すと，結果グラフ画面と結果カロリー画面に交互に切り替えることができる．

12. 結果カロリー画面の消費カロリー，運動時間，エクササイズを記録し，電源スイッチを OFF にする．

（5）マニュアルトレーニング操作

1. 電源スイッチを ON にする．サドルに座り，正しい姿勢となるようにサドルポスト，ハンドル，ハンドルポストを調節する．

2. 操作パネルの ESC／REST キーを押す．パネル画面の↓印キーをで「4. マニュアル」を選択して，確認キーを押す．

3. 脈拍センサーを耳たぶにはさみ，脈拍が正しくとれていることを確認して，パネル画面の確認キーを押す．

4. スタート時の負荷値を ＋10，−10，＋1，−1 のキーで入力し確認キーを押す．

5. 負荷値を入力したら START／STOP キーを押す．ペダリング開始画面となるのでピッチ音に合わせてこぎ始める．

6. 1～2分程度ウォーミングアップで軽い負荷でこぎ，負荷（＋2／−2）キーで負荷を上げる．この際，減量トレーニング（体脂肪の減少を目的としたトレーニング）をするならば，負荷を減量トレーニング値にする．また，一般トレーニング（全身持久性能力の向上を目的としたトレーニング）をするならば，負荷を一般トレーニング値にする．

7. トレーニング中，表示切替 DISP／DATA キーを押すとグラフ画面とカロリー画面に交互に切り替えることができる．

8. 自分が実施しょうと考えているトレーニング時間や消費エネルギーに達したら，クールダウンのために最初の負荷まで負荷（＋2／−2）キーで負荷を下げて，1分間程度こぐ．

9. クールダウンが終わったら，こぐのを止めて START／STOP キーを押す．表示切替 DISP／DATA キーを押すと，結果グラフ画面と結果カロリー画面に交互に切り替えることができる．

10. 結果カロリー画面の消費カロリー，運動時間，エクササイズを記録する．また，主運動中の設定負荷を記録し，電源スイッチを OFF にする．

6）ステアクライマー（写真36と37）

1. 電源のスイッチを ON にする．

2. 「ENTER」を押すと「SELECT WEIGHT」が表示される．

3. ▲▼のキーを押して5ポンド（2.3 kg）ずつ増減するので体重を入力して「ENTER」を押す．

4. 「SELECT TIME」が表示されるので，▲▼

写真 36　ステアクライマー

写真 37　ステアクライマー

のキーを押して運動時間を入力して「EN-
TER」を押す.

5.「SELECT　COURSE」が表示されるので,

▲▼のキーを押してコース番号を入力して
「ENTER」を押す.

6. 運動レベル（初心者はレベル 1 を選択）を
決めたら「ENTER」を押す.

7. 片足を引き上げて, 運動を始め, 連続して
片足ずつリズミカルに引き上げて階段上がり
運動をする.

8. 仕事量やステップ数を調整して, 維持でき
る自分の運動レベルにして続ける.

9. 運動を終わるときは, 運動を止めて運動時
間, 運動レベル, 消費カロリーを記録する.
2 分経過すると表示がリセットされる.

10. 電源スイッチを OFF にする.

**7)　コロナ禍におけるフィットネスルーム使
用上の感染予防**

　コロナ禍において飛沫飛散防止のために有酸素
系の運動をするエアロバイク, ランニングマシ
ン, ステアクライマーには, 飛沫飛散防止のため
の防護シートで使用者を囲んでいる. また, エ
アロバイクにおいては隣の機器を使用不可としてい
る.

　コロナ禍においては, 本学の感染危険レベル状
況によって危機管理委員会にて利用範囲の判断が
なされる. なお, 感染危険レベルが低い状況で
は, 本学の LIVE　CAMPUS に以下のような「名
古屋校舎厚生棟 6 階フィットネスルームの利用申
請について【一般学生対象】」が掲示され, 利用
方法がコロナ禍以前と変更されている.

　フィットネスルーム（スポーツジム）の利用について, 今回は, ○月○日まで受け付けます. 一
般学生が利用できる枠については, 添付ファイルをご確認ください. ※＜クラブ活動の使用時間
帯＞と＜一般学生の時間帯＞で時間を分けて運用します. 利用にあたっては, 詳細な注意事項があ
りますので, 守ることが出来る方を対象とします.

　■申請は厚生棟 5 階の名古屋学生課となります. 使用する『前日の 12：00』までに申請をして
　　ください.（月曜日利用希望の場合は, 前の週の金曜日の 12：00 までに申請してください.）

　■2 回目以降の利用の場合は, 電話での予約も受け付けます.

　■各時間帯の上限人数は 10 名です.

　■クラブに所属している学生は, 一般学生枠で申し込むことはできません.

　（無断利用を含めて, 不正が発覚した場合は, 以後使用できません）.

　初めての利用に際して, 使用上の注意を 5 分ほどで説明します.

表4 愛知大学名古屋校舎のフィットネス使用手順

愛知大学名古屋校舎 **フィットネスルーム使用手順**

フィットネスルームの使用には、非常に注意事項が多いため **熟読、遵守**のうえ、使用してください。

□ **健康観察**は必須です。毎日8時頃にQRコードから行ってください。→

□ **手袋**（指先の出ないもの）は自分で準備してください。

□ 当日は、厚生棟6階フィットネスルームにて**受付台帳に記名**してください。

□ フィットネスルーム・更衣室は、**黙って、離れて**使用してください。

□ **マスクは**状況に応じて**外しても構いません**が、**運動後は着用**してください。

□ 自身で**使用した器具は**、次に使う学生を思いやり、**十分に消毒**してください。

□ 事前予約なく、フィットネスルームを使用した場合は、**以後、使用できません。**

アルコール消毒にご協力ください

マスクをしよう　名古屋学生課

<引用・参考文献>
1) CYBEX社製各種筋力マシン取扱説明書
2) コナミスポーツクラブ社製エアロバイク75 XL Ⅲ取り扱い説明書
3) 竹井機器社製ランニングマシンWELL ROAD 200 E取扱説明書
4) MATRIX社製ローイングマシン取扱説明書
5) Precor社製ステアクライマーC 764取扱説明書

※謝辞：本章の写真撮影に快くご協力頂いた成瀬由衣さん（2021年度 愛知大学現代中国学部卒業）に心より厚くお礼申し上げます.

執筆者紹介

松岡弘記　愛知大学　教授　　　　第1章—1・3，第2章—2・3，第3章—3・4・5・8，第4章

滝沢宏人　愛知大学　教授　　　　第1章—4，第2章—5，第3章—1

村瀬智彦　愛知大学　教授　　　　第1章—2，第2章—1，第3章—2・7

張　成忠　愛知大学　非常勤講師　第2章—4，第3章—6

張　成兵　愛知大学　非常勤講師　第3章—6

樊　孟　　愛知大学　非常勤講師　第3章—9

スポーツと運動　～健康づくりの理論と実際～

2018 年 4 月 1 日　第 1 版　第 1 刷　発行
2021 年 3 月 1 日　第 1 版　第 4 刷　発行
2022 年 4 月 1 日　第 2 版　第 1 刷　発行
2024 年 4 月 1 日　第 2 版　第 3 刷　発行

編　者　愛　知　大　学
　　　　名古屋体育研究室
発　行　者　発　田　和　子
発　行　所　株式会社　学術図書出版社

〒113-0033　東京都文京区本郷 5-4-6
TEL 03〈3811〉0889　振替 00110-4-28454
印刷　三和印刷（株）

定価はカバーに表示してあります．

Ⓒ2018, 2022　Printed in Japan

ISBN 978-4-7806-1145-8　C 3075

演習受講 年度 学期	20　　年度　春・秋	曜日	火・金	時限	3・4・5	クラス記号	

＜愛知大学　体育分野科目　登録カード＞

学部・学科	学部：　　　　　　　学科：	正面顔写真
学籍番号	性　別　　男　・　女	
フリガナ 氏　　名		縦 4 cm 横 3 cm
生年月日	年　　　月　　　日　（　　　歳）	
住　　　所	〒	
本　人連絡先（携帯電話番号など）		
保護者連絡先（携帯電話番号など）		
帰省先住所	〒	
出身高校	立　　　　高等学校　・　その他（　　　　　）	
運動経験 実施状況	小学校：　　　中学校：　　　高　校： 大　学：　　　（　体育会　・　サークル　）	
健康状態 既往症等	健康状態：　良い　・　普通　・　悪い　・　その他（　　） 既往症：　　　　　障害等：	

スポーツ・健康演習　種　目：　　　　担当教員：

受講年度・学期・時限	20　　年度　　春　・　秋　学期　　　曜日　　　時限

出席状況記入欄（下段：備考欄）

1	2	3	4	5	6	7	8	9	10	11	12	13	14	15

提出物チェック欄	☑	レポート①	☐	レポート②	☐	レポート③	☐
体力測定結果	☐	健康調査	☐	食事診断	☐	歩数記録	☐

受講状況	点	（欠席回数：　回）	評価	S・A・B・C・F
理解技能	点	学習状況　　点		（合計点：　　点）

スポーツ実技Ⅰ　種　目：　　　　担当教員：

受講年度・学期・時限	20　　年度　　春　・　秋　学期　　　曜日　　　時限

出席状況記入欄（下段：備考欄）

1	2	3	4	5	6	7	8	9	10	11	12	13	14	15

受講状況	点	（欠席回数：　回）	評価	S・A・B・C・F
技術技能	点	学習状況　　点		（合計点：　　点）

スポーツ実技Ⅱ　種　目：　　　　担当教員：

受講年度・学期・時限	20　　年度　　春　・　秋　学期　　　曜日　　　時限

出席状況記入欄（下段：備考欄）

1	2	3	4	5	6	7	8	9	10	11	12	13	14	15

受講状況	点	（欠席回数：　回）	評価	S・A・B・C・F
技術技能	点	学習状況　　点		（合計点：　　点）

※愛知大学個人情報の保護に関する規程により，個人情報はそれ以外の目的で使用しません．

健康調査質問用紙

　　学籍番号（［入学年度西暦下 2 桁］―［学部英字記号］―［番号 4 桁］）
　　性　　別（男・女）

(1)　年　　齢（数字 2 桁）
(2)　学　　年（数字 1 桁）
(3)　現 住 所（1：名古屋市　2：名古屋市を除く尾張地区　3：三河地区　4：その他の愛知県　5：岐阜県
　　　　　　　6：三重県　7：静岡県　8：その他）
(4)　居住条件（1：自宅　2：食事付き下宿　3：アパート　4：マンション　5：寮　6：その他）
(5)　通学手段〈複数回答可，5 項目以内〉（1：名鉄　2：地下鉄　3：バス　4：JR　5：近鉄　6：あおなみ線
　　　　　　　7：自動二輪・原付　8：自動車　9：徒歩　10：自転車）
(6)　通学時間（1：～15 分　2：15～30 分　3：30～60 分　4：60～90 分　5：90～120 分　6：120～150 分
　　　　　　　7：150～180 分　8：180 分～）
(7)　既 往 症〈複数回答可，5 項目以内〉（1：心臓病　2：高血圧　3：肝臓病　4：腎臓病　5：甲状腺
　　　　　　　6：糖尿病　7：結核　8：喘息　9：肺気腫　10：リウマチ　11：腰痛　12：ヘルニア
　　　　　　　13：胃腸病　14：アトピー　15：なし　16：その他）
(8)　現在持病〈複数回答可，5 項目以内〉（1：心臓病　2：高血圧　3：肝臓病　4：腎臓病　5：甲状腺
　　　　　　　6：糖尿病　7：結核　8：喘息　9：肺気腫　10：リウマチ　11：腰痛　12：ヘルニア
　　　　　　　13：胃腸病　14：アトピー　15：なし　16：その他）
(9)　血圧傾向（1：高い　2：普通　3：低い　4：わからない）
(10)　心電図異常（1：あり　2：なし　3：わからない）
(11)　体　　質〈複数回答可，5 項目以内〉（1：頭痛　2：耳鳴り　3：目まい　4：体重減少　5：胃痛
　　　　　　　6：動悸　7：胸痛　8：食欲不振　9：アレルギー　10：花粉症　11：なし　12：その他）
(12)　心臓病の家族〈複数回答可，5 項目以内〉（1：父　2：母　3：兄弟　4：姉妹　5：祖父　6：祖母
　　　　　　　7：なし）
(13)　喫煙習慣（1：吸う　2：吸わない）
(14)　喫煙本数（1 日当り）（1：1～5 本　2：6～10 本　3：11～15 本　4：16～20 本　5：21～25 本
　　　　　　　6：26 本以上）※（13）で「吸わない」と回答した場合は無記入
(15)　喫煙年数（1：半年以内　2：半年～1 年　3：1～2 年　4：2～3 年　5：3～4 年　6：4～5 年
　　　　　　　7：5 年以上）※（13）で「吸わない」と回答した場合は無記入
(16)　健康に自信はあるか？（1：自信あり　2：どちらとも言えない　3：自信なし）
(17)　健康は重要か否か？（1：重要である　2：どちらとも言えない　3：重要ではない）
(18)　健康増進のために努力をしているか？（1：努力している　2：努力していない）
(19)　健康増進のための努力の内容は？〈複数回答可，5 項目以内〉（1：運動　2：食事　3：睡眠　4：禁酒
　　　　　　　5：禁煙　6：入浴　7：健康診断受診　8：その他）
(20)　体力に自信はあるか？（1：自信あり　2：どちらとも言えない　3：自信なし）
(21)　体力の中で自信のある因子は？〈複数回答可，5 項目以内〉（1：筋力　2：持久性　3：柔軟性
　　　　　　　4：平衡性［バランス］　5：体格　6：敏捷性　7：巧緻性［器用さ，リズム感覚を含む］
　　　　　　　8：病気に対する抵抗力　9：精神力）
(22)　体力の中で自信のない因子は？〈複数回答可，5 項目以内〉（1：筋力　2：持久性　3：柔軟性
　　　　　　　4：平衡性［バランス］　5：体格　6：敏捷性　7：巧緻性［器用さ，リズム感覚を含む］
　　　　　　　8：病気に対する抵抗力　9：精神力）
(23)　体力は重要か否か？（1：重要である　2：どちらとも言えない　3：重要ではない）
(24)　体力向上のために努力をしているか？（1：努力している　2：努力していない）
(25)　体力向上のための努力の内容は？〈複数回答可，5 項目以内〉（1：スポーツ　2：ジョギング
　　　　　　　3：腕立て伏せ・腹筋運動など　4：ダンベル運動　5：ストレッチ　6：エアロビクス
　　　　　　　7：ウォーキング　8：体操　9：その他）
(26)　運動するのは好きか嫌いか？（1：好き　2：どちらとも言えない　3：嫌い）
(27)　スポーツ観戦は好きか嫌いか？（1：好き　2：どちらとも言えない　3：嫌い）
(28)　運動は重要か否か？（1：重要である　2：どちらとも言えない　3：重要ではない）
(29)　日頃運動しているか？（1：毎日　2：週 4～6 日　3：週 2～3 日　4：週 1 日　5：全くしない）
(30)　中学時代の所属部・クラブは？〈複数回答可，3 項目以内〉（1：運動部　2：文化部　3：運動系同好会
　　　　　　　4：文化系同好会　5：無所属　6：その他）　　　　　　　　　　　　　　【つづく】

(31) **高校時代の所属部・クラブは？**〈複数回答可，3項目以内〉（1：運動部　2：文化部　3：運動系同好会　4：文化系同好会　5：無所属　6：その他）

(32) **高校時代の所属運動部は？**〈代表する1項目〉（1：合気道　2：重量挙げ　3：オリエンテーリング　4：空手道　5：弓道　6：剣道　7：サッカー　8：柔道　9：水泳　10：スキー　11：スケート　12：相撲　13：ソフトボール　14：器械体操　15：卓球　16：ダンス　17：軟式テニス　18：硬式テニス　19：バスケットボール　20：バドミントン　21：バレーボール　22：ハンドボール　23：ボクシング　24：軟式野球　25：硬式野球　26：新体操　27：ヨット　28：ラグビー　29：陸上　30：レスリング　31：ボート　32：ゴルフ　33：アーチェリー　34：アメリカンフットボール　35：ホッケー　36：応援団　37：その他）

(33) **高校時代の最高競技成績は？**（1：全国大会出場　2：県大会出場　3：地区大会出場　4：その他）

(34) **大学での運動部加入希望は？**（1：運動部に入部　2：文芸部に入部　3：学研に入部　4：運動系同好会に入部　5：文化系同好会に入部　6：部・同好会には入部しない）

(35) **最も入部したいクラブ**〈1項目〉（1：応援団　2：準硬式野球　3：硬式野球　4：重量挙げ　5：硬式テニス　6：軟式テニス　7：ボート　8：ソフトボール　9：ラグビー　10：サッカー　11：ワンゲル　12：山岳　13：卓球　14：バスケットボール　15：バレーボール　16：剣道　17：バドミントン　18：柔道　19：空手道　20：小林寺拳法　21：日本拳法　22：中国武術　23：ヨット　24：水泳　25：アーチェリー　26：スキー　27：弓道　28：エアライフル　29：陸上　30：自動車　31：アメリカンフットボール　32：ゴルフ　33：ハンドボール　34：その他）

(36) **運動部に入部しない理由は？**（1：運動嫌い　2：文芸部に入部するため　3：学研に入部するため　4：勉強に専念するため　5：通学事情のため　6：アルバイトのため　7：希望種目がないため　8：理由なし　9：その他）※運動部に入部する（している）場合は無記入

(37) **中学・高校時代の体育は？**（1：大好きであった　2：好きであった　3：どちらとも言えない　4：嫌いであった　5：大嫌いであった）

(38) **大学体育での期待度は？**（1：大いに期待　2：少々期待　3：あまり期待していない　4：全く期待していない）

(39) **実技で最も重視したいことは？**（1：体力向上　2：健康増進　3：技術向上　4：ストレス解消　5：精神力向上　6：友人交流　7：スポーツ文化　8：その他）

(40) **体育実技で最も実施したい種目は？**〈1項目〉（1：バスケットボール　2：トレーニング　3：フィットネス　4：剣道　5：サッカー　6：柔道　7：水泳　8：スキューバ・ダイビング　9：スキー　10：スノーボード　11：スケート　12：ソフトボール　13：インラインスケート　14：卓球　15：エアロビクス　16：太極拳　17：軟式テニス　18：硬式テニス　19：バドミントン　20：バレーボール　21：ハンドボール　22：気功　23：軟式野球　24：硬式野球　25：ヨット　26：ボート　27：カヌー　28：サーフィン　29：ウインドサーフィン　30：ラグビー　31：陸上競技　32：ゴルフ　33：アーチェリー　34：アメリカンフットボール　35：キャンプ　36：ゲートボール　37：登山　38：サイクリング　39：ボウリング　40：フライングディスク［フリスビー］　41：中国武術）

(41) **入床時間**（1：夜9時以前　2：夜9～10時　3：夜10～11時　4：夜11～12時　5：深夜0～1時　6：深夜1～2時　7：深夜2～3時　8：深夜3時以降）

(42) **起床時間**（1：6時以前　2：6～7時　3：7～8時　4：8～9時　5：9～10時　6：10時以降）

(43) **目覚め度**（1：爽快　2：少し眠い　3：大変眠い）

(44) **朝食の摂取状況**（1：毎日食べる　2：時々食べる　3：食べない）

(45) **三度の食事摂取状況**（1：規則正しく食べる　2：不規則に食べる）

(46) **食事量**（1：多い　2：普通　3：少ない）

(47) **肉食は好きか？**（1：大好き　2：好き　3：どちらとも言えない　4：嫌い　5：大嫌い）

(48) **魚食は好きか？**（1：大好き　2：好き　3：どちらとも言えない　4：嫌い　5：大嫌い）

(49) **野菜類は好きか？**（1：大好き　2：好き　3：どちらとも言えない　4：嫌い　5：大嫌い）

(50) **海藻類は好きか？**（1：大好き　2：好き　3：どちらとも言えない　4：嫌い　5：大嫌い）

(51) **清涼飲料水はよく飲むか？**（1：よく飲む　2：時々飲む　3：飲まない）

(52) **朝の歯磨き状況**（1：毎日する　2：時々する　3：しない）

(53) **血液型**（1：A型　2：B型　3：AB型　4：O型）

(54) **体型**（1：痩せすぎ　2：やや痩せ　3：標準　4：やや肥満　5：肥満）

〈愛知大学名古屋体育研究室（2015年度改訂版）〉

演習受講 年度 学期	20　　年度　春・秋	曜日	火・金	時限	3・4・5	クラス記号		
学部	学籍番号		氏名	フリガナ			性別	男・女

体 力 測 定 カ ー ド

※愛知大学個人情報の保護に関する規程により，
個人情報はそれ以外の目的で使用しません.

	形　　態	測定日	測定値	判定など	測定日	測定値	判定など
体格	身長（m）	／			／		
	体重（kg）	／			／		
	BMI〔体重÷身長2〕【計算により算出】	／			／		
身体組成	体脂肪率（%）	／			／		
	体脂肪量（kg）	／			／		
	除脂肪量（kg）	／			／		
		／			／		
		／			／		

	機　　能	測定日	測定値	得点など	測定日	測定値	得点など
文部科学省「新体力テスト」	握力（kg）	／			／		
	上体起こし（回）	／			／		
	長座体前屈（cm）	／			／		
	反復横とび（点）	／			／		
	立ち幅とび（cm）	／			／		
	20 m シャトルラン折り返し数（回）または 推定20 m シャトルラン折り返し数(回) ※	／			／		
	上記6項目の得点合計と総合評価	／	点（段階　　）		／	点（段階　　）	
	体力年齢（歳）	／	〜　　歳		／	〜　　歳	
エアロバイク	評価値（W）	／			／		
	体力レベル	／			／		
	最大酸素摂取量〔V̇O2max〕（1/分）	／			／		
	最大酸素摂取量/体重（ml/kg/分）	／			／		
		／			／		
		／			／		

※最大酸素摂取量/体重（ml/kg/分）から20 m シャトルランの折り返し数を推定できる（第1章-2の表1参照）

測定日 _____ 月 _____ 日 AM PM ：_____

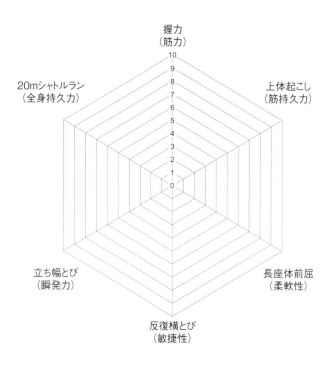

握力
（筋力）
10
9
8
7
6
5
4
3
2
1
0

20mシャトルラン
（全身持久力）

上体起こし
（筋持久力）

立ち幅とび
（瞬発力）

長座体前屈
（柔軟性）

反復横とび
（敏捷性）

形　態		測定値
体格	身長（m）	
	体重（kg）	
	BMI	
身体組成	体脂肪率（%）	
	体脂肪量（kg）	
	除脂肪量（kg）	

機　能		測定値（得点）
新体力テスト	握力(kg)	（得点　　）
	上体起こし（回）	（得点　　）
	長座体前屈（cm）	（得点　　）
	反復横とび（点）	（得点　　）
	立ち幅とび（cm）	（得点　　）
	20mシャトルラン 推定折り返し数（回）	（得点　　）
	得点合計（上記6項目）	
	体力段階	
	体力年齢（歳）	～

※新体力テストの項目別得点表・総合評価基準表・体力年齢判定基準表は第1章-2の表2参照

演習受講学期	学期	曜日	時限	クラス記号

＜身体組成測定用紙＞

学番 _____　フリガナ
氏名 _____　性別　男・女

身長 _____ cm　年齢 _____ 歳

運動部活動　高校（種目 _____ ）大学（種目 _____ ）

運動習慣（有・無）（種目 _____ ）

運動頻度（　　回／週　　時間／回）

【質問事項】　　　　　　　　　　　　月　　日　　　月　　日

Q1 朝食を食べましたか？　　　　（はい・いいえ）（はい・いいえ）

Q2 起床後 0.3 リットル 以上の水を飲みましたか？　（はい・いいえ）（はい・いいえ）

Q3 この測定前に運動しましたか？　（はい・いいえ）（はい・いいえ）

Q4 この測定前に排便・排尿しましたか？　（はい・いいえ）（はい・いいえ）

Q5 高校3年間運動部に所属し，現在も
　　運動部で週5日以上活動している　　　（はい・いいえ）

＜体脂肪計（足だけのインピーダンス法）による身体組成測定＞

必ず同一の体脂肪測定器を用いて運動プログラム実施前と後に測定をすること．

① Q5 で「はい」はアスリートモードを「いいえ」は一般モードで測定

② 身長○○○．○cm　着衣量 0.5 kg

③ 測定値の体重と体脂肪率（％）を記録

④ 体脂肪量＝体重×体脂肪率÷100

⑤ 除脂肪体重＝体重−体脂肪量

　　　いずれも小数第2位を四捨五入

	／	／	差
体重(kg)			
体脂肪率(%)			
体脂肪量(kg)			
除脂肪体重(kg)			

演習受講学期	学期	曜日	時限	クラス記号

＜有酸素運動実施記録カード＞

				フリガナ		
学部	学科	学籍番号		氏名		

＜エアロバイク体力テスト＞

実施日	評価値	一般トレーニング値	減量トレーニング値	最大酸素摂取量		目標心拍数	
（月／日）	（W）	（W）	（W）	（1／分）	（ml/kg/分）	50％	70％
／							
／							
／							
／							
／							

備考 （愛知大学個人情報の保護に関する規程により個人情報はその目的以外に使用しません）

実施日	有酸素運動様式			運動強度			運動時間（分）			消費カロリー（kcal）			
（月／日）	①	②	③	①	②	③	①	②	③	①	②	③	計
／													
／													
／													
／													
／													
／													
／													
／													
／													
／													
／													
／													

レジスタンストレーニング記録表（フリーウェイトトレーニング）

学部　　　　学科　　　　学籍番号　　　　氏名

（※個人情報保護規程により、他の事へ使用することはありません。）

演習受講学期	学期	曜日	時限	クラス記号

	種目	年月日										
1	スクワット	kg										
		回										
		set										
2	ベンチプレス	kg										
		回										
		set										
3	ダンベルフライ	kg										
		回										
		set										
4	ダンベルショルダープレス	kg										
		回										
		set										
5	サイドレイズ	kg										
		回										
		set										
6	フロントレイズ	kg										
		回										
		set										
7	ベントオーバーローイング	kg										
		回										
		set										

種目	年月日												
8 サイドベント	kg												
	回												
	set												
9 ダンベルカール	kg												
	回												
	set												
10 オルタネットダンベルカール	kg												
	回												
	set												
11 フレンチプレス	kg												
	回												
	set												
12	kg												
	回												
	set												
13	kg												
	回												
	set												
14	kg												
	回												
	set												

レジスタンストレーニング記録表（マシントレーニング）

学部　　　学科　　　学籍番号　　　氏名

（※個人情報保護規程により，他の事へ使用することはありません。）

lb＝ポンド［10lb＝約4.5kg］

1 RMの測定
（第4章7．フィットネス＆コンディショニング参照）

年月日					
lb					
lb					
lb					
lb					
lb					
lb					
lb					

種目	年月日									
1 マルチトライセプス	lb									
	回									
	set									
2 マルチバイセプス	lb									
	回									
	set									
3 ラテラルレイズ	lb									
	回									
	set									
4 アームクロス	lb									
	回									
	set									
5 スーパープルオーバー	lb									
	回									
	set									
6 ヒップアダクション	lb									
	回									
	set									
7 ヒップアダクション	lb									
	回									
	set									

※ トレーニング室のマシンの中で，上記1～10は重量がポンド（lb）で表されている。

1 RM の測定

年月日					
lb					
lb					
lb					
kg					
kg					
kg					
kg					

	種目	年月日																
8	レッグカール	lb																
		回																
		set																
9	レッグエクステンション	lb																
		回																
		set																
10	デュオスクワット	lb																
		回																
		set																
11	アブドミナル	kg																
		回																
		set																
12	ロータリートーン	kg																
		回																
		set																
13	ローワーバック	kg																
		回																
		set																
14		kg																
		回																
		set																

※ トレーニング室のマシンの中で、上記1～10は重量がポンド（lb）で表されている.

演習受講 年度 学期	20　　年度　春・秋	曜日	火・金	時限	3・4・5	クラス記号	
学部	学籍番号			氏名	フリガナ		性別	男・女

＜スポーツ・健康演習「歩数・エネルギー消費量」提出用紙＞

誕生年西暦　　　　　　年　　　　　　年齢　　　　　才

身長　　　　．　　cm　　　体重　　　　．　　kg　　　体脂肪率　　　　．　　％

基礎代謝量または
安静時代謝量　　　　　　kcal/day　　　　運動部活動　　　　　　　　　　　　　

　　　　　　　　　　　　　　　　　　　スポーツサークル活動　　　　　　　　　

定期的に個人で実施しているスポーツ・運動　　　　　　　　　　　　　　　　　

	歩数 （歩）	運動量または 活動エネルギー量 （kcal）	エネルギー消費量または 総消費エネルギー量 （kcal）	主な運動内容
				主な運動時間(分)
月　　日 （　　曜日）				
月　　日 （　　曜日）				
月　　日 （　　曜日）				
月　　日 （　　曜日）				
月　　日 （　　曜日）				
月　　日 （　　曜日）				
月　　日 （　　曜日）				
7日間の合計				
7日間の平均				

<ミニレポート> 提出日　　　　年　　　月　　　　日

※自分のデータをみて，1日ごとの現状分析を行い，今後の生活・行動および運動習慣について

　具体的に考え考察する.

※歩数計は歩くスピードも感知するため，歩数が同じでも，運動量が異なる場合がある.

演習受講 年度 学期		20　　年度　春・秋	曜日	火・金	時限	3・4・5	クラス記号		
学部		学籍番号			氏名	フリガナ		性別	男・女

＜スポーツ・健康演習「食事バランス診断」提出用紙＞

1. 身長(m)		m	2. 体重(kg)		kg	3. BMI	

4. BMIの判定	やせ ・ 標準 ・ 肥満(軽度) ・ 肥満(重度)	レポート提出日 　　年　　月　　日

5. 生活活動レベル	Ⅰ(低い=1.50) ・ Ⅱ(標準=1.75) ・ Ⅲ(高い=2.00)	食事をした日 　　年　　月　　日

6. 基礎代謝基準値(kcal/kg/日)		kcal/kg/日	7. 目標体重(kg)		kg

8. 基礎代謝量(kcal/日)		kcal/日	9. 1日のエネルギー必要量(kcal/日)		kcal/日

10. 自分の1日の適量	主　食	副　菜	主　菜	牛乳・乳製品	果　物
	つ(SV)	つ(SV)	つ(SV)	つ(SV)	つ(SV)

11. 料理名と摂取量		主　食	副　菜	主　菜	牛乳・乳製品	果　物
朝食						
昼食						
夕食						
間食						
合　　　計		つ(SV)	つ(SV)	つ(SV)	つ(SV)	つ(SV)

12. 運動した内容	運動しなかった ・ 運動した ⇒ 運動の内容(種目・時間など)＝

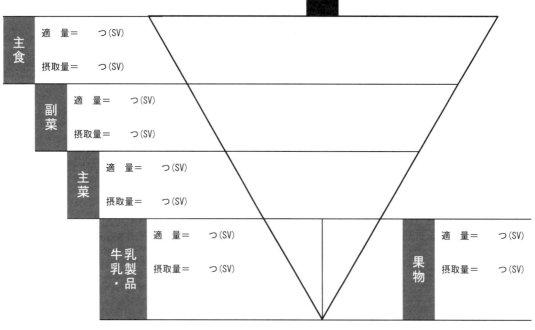

主食
適 量＝　　つ(SV)
摂取量＝　　つ(SV)

副菜
適 量＝　　つ(SV)
摂取量＝　　つ(SV)

主菜
適 量＝　　つ(SV)
摂取量＝　　つ(SV)

牛乳・乳製品
適 量＝　　つ(SV)
摂取量＝　　つ(SV)

果物
適 量＝　　つ(SV)
摂取量＝　　つ(SV)

※上記のコマのイラストに それぞれ全体を適量で分割した線を引き その後 摂取量をマーカーなどで色付けする

＜テーマ「自分の食事バランス診断からわかったことと食生活の改善について」＞

■現状分析

■改善方法

■運動内容

演習受講学期	学期	曜日	時限	クラス記号

レポート提出用紙①

学部　　　　　　学科　　　　　　　提出日　　　年　　　月　　　日

学籍番号　　　　　　　　　　　氏名

演習受講学期	学期	曜日	時限	クラス記号

レポート提出用紙②

学部　　　　　学科　　　　　　　提出日　　　年　　　月　　　日

学籍番号　　　　　　　　　　　　氏名

演習受講学期	学期	曜日	時限	クラス記号

レポート提出用紙③

学部　　　　　学科　　　　　　　提出日　　　年　　　月　　　日

学籍番号　　　　　　　　　　　　氏名